新装版

信念の魔術

謝　世輝

はじめに

「信念の魔術」――〝信念が強くなれば、何でも可能〟といわれるが、ほんとうにそうなのか、なぜそうなのか、詳しく知りたいと多くの人は願うであろう。

私もその思いを持っていた一人である。しかし私は今、信じ実行したことで充実した人生を送れたと思っている。

読者の疑問を解き明かすために、本書では最悪の条件の下に奇跡を実現した多くの例について、なぜ可能であったかを具体的に解説した。

そして、私の体験や私の周辺の人々の体験をできるだけ多くとりあげ、とくに自分が経験した悲惨な状況をありのままに書き、なぜ私が次々に多くの難関を突破できたかを、証明するために述べた。

さらに宇宙の心がいかに人間の運命に影響していくかを具体的に説明し、次に、実相の力とは何か、どのようなときに実相の力がいかに作用するかを、わかりやすく解説した。そしてさらに、信念を強めるために種々の工夫をした。

「信念が強まればすべてが可能」といっても、信念を強めることはたやすくはないであろう。

本書では、信念を強めるために、次の三つの点に留意した。

ひとつは「悪条件の幸せ」についてである。多くの人は自分の悪条件を嘆く。しかし、裏をかえせば、それらの悪条件が実は彼に多くの可能性をあたえていることを指摘した。まことに、「一切の災いのなかに、幸せへの芽が潜んでいる」のである。

もう一つは「コンプレックスをなくすこと」である。たとえば、「彼は落ちこぼれであったが、一方では、自分の個性を貫いたからこそ、世界一になれた」ということなど、本書の多くの言葉が、多くの人びとに自信をあたえることを確信している。

さらにもうひとつ、「あたえる（尽す、愛する、献じる）ことの重要性」についてである。あたえることによる幸せもさることながら、あたえることによって自己が大きく飛躍するという、近代合理主義に反する〝見えざる真理〟を説明してみた。

そして、最後の章（第五章）で、具体的な問題に対処する、想念の方法について述べ、想念の公式を示した。

積極的に「やってみよう」と思って、挑むなら、思う存分仕事ができるのに、多くの人々は「現実は厳しい」「難しい」と考えているから、うまくいかないのである。

すべての人の心が「宇宙の心」(潜在意識)につながっていて、想念することがたえず宇宙の心に刻印され、宇宙の心に刻印されたものは現実化していくのである。

だから「現実は厳しい」と思っていると、自分の前進を妨げる多くのものが出現して、願望がかなえられないようになるのである。

しかし、これに反して、「やってみよう」と思っていると、(宇宙の心の作用で)前進しやすい条件がつくりだされていくのである。

大きな願望をもてば、それが宇宙の心に強く刻印され、自分の運勢が高まり、伸びていくチャンスが多くなるということである。

目標へ向かって、努力を続け、障害があっても、それを乗り越えようとするなら、「全知全能の実相」の力が動きだし、思いもよらない方法で成功へ導くという真理をおわかりいただくことで、この本が読者のお役に立てれば幸せである。

●目次

第二章　強大なパワーを持つ〝信念〟とは何か

第三章　全智・全能の実相の真実

第四章　奇跡を生む「信念の魔術」

第五章　願望達成への実践方法

*1*章

「求めよ、さらば与えられん」は本当か

「一念岩をも通す」の真理

●心の持ち方が現実を変える

自動車王ヘンリー・フォードは成功して後、ある日次のように質問された。

「なにもないゼロの状態からスタートしたあなたが（当初彼は農村の平凡な青年であった）世界一の富豪になれたのはなぜでしょうか？」

そのとき、フォードはこう答えた。

「失礼だが、ゼロの状態とおっしゃるけれども、私ははじめから〝大宇宙の無限の宝庫〟とつながっていることを知っていた。私はそれを実現しただけである」

ヘンリー・フォードは若いとき、トラインの世界的名著である『無限者との協調』を読み、**すべての人間は無限の能力、無限の富をもつ大宇宙霊とつながっており、そ**

こから無限のものをくみだせることを確信していたのである。

この不可思議な宇宙霊については後に説明するが、人生には近代科学では見いだせない、なにか奇妙な真理（見えざる真理）が常に働いているのである。

日本の大昔からの諺である**「一念岩をも通す」**というのは、実はこの見えざる真理に合致するものである。

「必ずこれをやってみせるぞ」といつも思っていると、そのことが実現されるように様々なことがらがあいついで起き、たとえどれほど悪い条件からスタートしようと、また、たとえ途中で多くの困難があろうとも、念願していることがついにかなうということを、**「見えざる真理」**は教えてくれるのである。

「条件があまりに悪いから実現しそうもない」と普通の人は最初から、あるいは途中であきらめてしまう。しかし、「必ずやってみせる」といつも思うことが念願達成の秘訣である。

一例であるが、二〇世紀最大の政治家の一人であるフランスの元大統領ドゴールは、少年時代、ある日少し高いところからころび落ちたことがあった。それを見てかけつけてきた父親が「オイ、大丈夫か?」ときいたところ、ドゴール少年は、「お父さん、僕は将来フランスを救う英雄になるから、いまここでつまずくはずはないよ」と答えたのである。そして事実、彼はフランスを救う英雄となった。

もっと身近な例をひとつ述べてみよう。知人の息子の中学生が「ブラジルへ行きたい」と常にいっていたところ、願望通りに、大学を卒業し、就職した翌年に会社からブラジルへ派遣されたのである。ブラジルへ行くことが、本当に彼の人生にとってプラスであるかどうかは別問題であるが、常に念願するものは必ず実現するのである。「でも現実には束縛が大であるから、自分にはとても無理である」「現実をながめていると、どう考えても自分の希望が通りそうもない」という人が多い。

しかし、**現実はいくらでも変わっていくものであり、**また、これから述べるように、**心の持ち方でいくらでも変えていくことができる**のである。

●なぜ念願が現実化されるのか

アメリカのトロワード氏は『個人における創造的過程』のなかで、次のように述べている。**「宇宙には、人間の念願、希望、選択など、人の心のなかに描かれたものを受けとり、それを現実の世界に造形する原理がある」**。したがって「何人でも自分の心が選ぶところのものを、自分の生活の中にとりいれて実現することができる」のだ。

ここにいう「念願・希望をうけとって、それを現象の世界に形にして現す、つまり現実化させる宇宙の原理」とはなんであろうか？

まえに少しふれたように、私たちは気づいていないが、すべての人の心が「宇宙の心」というものにつながっており、宇宙の心は一人一人の念願・希望・選択など、それぞれが自分のなかに常に強く描いているものをうけとり、ついにこれを現実のものにしてくれるのである。

「でも自分は念願してもだめだった」と多くの人びとはいう。うまくいく人とうまくいかない人の境目は後に述べるが、「一念岩をも通す」というのは、文字から想像できるように、**「強く念願を継続していけば、必ず成功できる」**ことを意味している。

どんな困難にぶつかっても「必ずやる」と繰り返し念じるのだ。そうすれば、それがついに「宇宙の心」に強く刻みこまれていくのである。そしていったん宇宙の心に刻みこまれたものは、当初の悪条件をはるかに乗り越えて、たとえいかに奇跡的に見えようとも、必ず現実のものとなって現れてくるのである。

そうだ、**たとえ運命がどのようにきびしくみえても、私たちは運命を変えることができる。**いや、新しい運をきりひらくことができるのだ。だから「一念岩をも通す」ことになるのである。

●いつ驚くべき力は働くのか

さらに、強烈な想念は宇宙の心の外に、全知全能の「実相」へとどき、実相から強大な支援を得ることができるのである。

第三章で詳しく説明するが、実相は「全知・全能」である。信じないかも知れないが、**「全能」とは、あなたのすべてのことを知っており、かつ、全世界のことを知っているという意味であり、したがって、「どうすれば、あなたを助けることができる**

か？」を知っているのである。

かつ、実相は「全能」であるから、その目的を達成できるように導いて下さるのである。

どんなときに実相の力が働くのか？　想念が一定の水準にまで達し、かつ、努力がある一定のところまで達したときに、実相の力が動きだすのである。

実相は全知・全能であるから、実相の力が動きだせば、願望は必ず達成されるのである。

別のいい方をするなら、**たえず強く想念するなら、それがついに宇宙の心と実相に反応して、そのうち自分の願望を達成するように、もろもろのことが動きだしていく**のである。

援助する人は必ず現れてくる。必要な資料はいつのまにか必ずまわってくる。チャンスは何回か必ず訪れてくる。そして必要な資金も必ず流れこんでくるのである。そしてそれらが合わさって、結局私たちの願望が必ず達成されるのである。

現実とか、客観的条件のみを見ていれば、到底解決できないことが、このようにしてなしとげられ、すなわち、あの厚い壁がついに突き破られていくので、普通の人はこの成功を「奇跡」と名づける。

しかし、宇宙の心と実相についての真理から見るなら、「必ずそうなる」のであるから、むしろ「必然」なのである。奇跡という言葉を使わなくともよいのであるが、常識の立場からみればまさに奇跡である。

●困難な条件は問題にはならない？

もちろん、ものごとが単純にいくわけではない。なにごともいざ始めてみると、意外な困難が次から次へと起きるのが常である。そのため、勇敢に挑んでみた人びとも、なかなかうまくいかないようにみえるのでおじけてしまう。

第一、かなり多くの人びとが、「理想と現実の距離はあまりにかけ離れている」と思って、はじめから放棄するものである。すなわち、多くの人びとははじめからたじろぎ、また別の多くの人は意外な困難に出会うと、サジを投げてしまうのである。

「一念岩をも通す」とかなり昔からいわれてきた。過去の長い歴史のなかで成功した人びと、とくに悪い環境・悪い条件のなかから立ちあがって願望を達成した人びとは、もちろん、本書でのべるような見えざる真理を知っていなかったはずである。

しかし、彼らには共通項があった。すなわち積極的な心をもっていたのである。常に想い、常に決意する人は本書で説明していくように、宇宙の心と実相に成功の種をまいているのである。

そして宇宙の心と実相に強く刻みつけられたものは必ず現象として現れてくる。これがすなわち「一念岩をも通す」ゆえんである。

もし積極的な心をもつ人が当初から見えざる真理を、すなわち**「必ずできるのだ」「一見奇跡にみえることが必ず実現するのだ」**ということを知っていれば、まさに鬼に金棒である。

その場合、強い信念ができあがるために、**宇宙の心と実相への作用がより効果的になってくる。**そうすれば夢の実現が確実になり、かつ早くなるのである。

自分の眼前に多くの困難があろうとも、いかに条件が悪くとも、それらは必ず克服できるのだ！　だから願望を放棄してはならない。しかし、成功へいたる過程には若干の（あるいは多くの）苦しみがあるから、「自分はやめた」という人も少なくはない。

だが、苦しみながらも自分の道を歩み、ついに目標へ到達するところにこそ人生の意義があり、生きがいというものをしみじみと感じとるのである。

安易な人生を求める者は人生の喜びを味わうことはできない。「必ずできるのだから」勇敢に前進するほうが人生としてはるかに面白く、生きがいがあるのだ。

「必ずできるのだから」小さな願望ではなく、もっと大きな願望を抱こうではないか。

そして本書からそれを実現していく方法を学びとろう。

まず実例こそ人の心を打ち、かつ事実として納得させるものであるから、最悪の環境から願望を実現させた、読者のよく知っている人物を三人とりあげて説明してみよう。

思い通りの人間になれる

●強い決意はこうして生まれる

どんな悪い環境のなかに育っても希望を捨ててはならない。懸命に求めるとき、それが後述の宇宙の心と実相にこだまして、悪い条件は一つ一つ克服され、成功への道は自然にひらかれて、ついには目標へ到達できるのだ。これが「見えざる真理」である。

その一例として児童文学者として知らない人のないアンデルセンについて述べよう。アンデルセンは家が貧乏であるため、小学校にも行けなかった。そして一家を支えていた父親は彼が九歳のときに亡くなっている。前途は真暗であった。しかも、アンデルセンは健康ではなく、ひょろ長い体をしている。常識ではどう考えても成功できるはずはない。

アンデルセンは当時金持ちしか入れないラテン語学校に入学したかった。憧れにかられて、ときどきラテン語学校の校門近くの柵から学校の中をのぞきにいった。気の毒に思ったラテン語学校の一女学生テンネルがときどき親切な合図をしてくれたが、このテンネルが後にアンデルセンの出世を助けるようになる。

強い憧れはその人をさまざまな行動にかりたてるが、熱烈に求める者には必ずなんらかの手配（見えざる真理）がいくものである。

さてアンデルセンは貧困の苦しさと勉強できないくやしさに泣き、また、一生懸命に働く母親をみることによって、ぜひ出世して母親を喜ばせたいと強く決心するにいたる。

やがて孤独な彼をかわいがってくれる近所のおばさんが現れる。アンデルセンはそのおばさんからさまざまな詩やシェイクスピアの作品のことをきき、その方面の本をかりて読みふけった。次第に文学的な影響をうけたのである。

そのため、シェイクスピアのようなすばらしい作品を書くか、あるいはシェイクスピアの戯曲を演じる俳優（あるいは歌手）になりたいと憧れるようになった。その夢はやせっぽっちの可憐なアンデルセンの胸のなかで次第に燃え、はぐくまれた。そしてついに強い決心が生まれたのである。「デンマークの田舎から、首都コペンハーゲンへ行って俳優になろう」と。

●最悪の環境に生まれたチャンス

とにかく冒険し、試してみよう。アンデルセンは出世したくてたまらなかった。やせっぽっちで無茶な少年が一人首都へ出たって、どうにもならない。しかし、それは世間の常識だ。

世間の常識におとなしく従えばすべてがダメになる。はげしい情熱はアンデルセンを首都へかりたてた。

首都に着くや、すぐに劇場をたずね、「役者の見習いに採用してください」と懇請したが、通じるはずはない。玄関払いされた。しかし、故郷の知人の紹介をとおして、何日か後、ようやく国立劇場の作業員に採用してもらった。もちろん、役者からはほど遠い。

役者をめざしたが、なかなかうまくいかないので、なんとか出世したい彼は物語を書き始めてみた。幸いに、故郷の町で親切にしてくれたおばさんと親しい人（グルテル）がコペンハーゲンに住んでいたので、彼は自分の書いた物語をグルテルに見てもらうことができた。親切なグルテルは彼の文章を読んで一言、

「なんと字のまちがいの多いこと」

という。なにしろ学校へ通わなかった少年のことである。誤字が多いのも無理はない。しかし、グルテルは親切に文章をなおしてくれた。

正しい文字を知らない辛さをも乗り越えて、彼は一生懸命に童話を書き続けた。

どんなに条件が悪くとも、必死になってたたかうとき、たいがいの難関は突破できるのである。彼が苦しい環境のなかできたえられたからこそ、そして多くの難関を突破していったからこそ、奇想天外な作品をいくつも書きあげることができたのである。

『みにくいあひるの子』という、誰でも知っている、あの有名なストーリーは「優秀な素質はあっても、人とちがうために痛めつけられ、けとばされ、長い間苦しんでい

った者が、いつの日かついに陽の目を浴びる」ことを描いたものであり、苦しんできた人間でなければ、あのような人を感動させるストーリーはつくれなかっただろう。また、『マッチ売りの少女』も、哀調が人の心に深くしみ入る詩的な優れた作品であることは、いまさらいうまでもないだろう。

しかし、アンデルセンが書いたストーリーは、はじめのうちなかなか採用されなかった。でも必死にもがく人には助けがめぐってくるものである。

彼の出世のきっかけをつくったのは、同じ故郷のラテン語学校に通っていたテンネルであった。テンネルは手紙を通じて、アンデルセンをコペンハーゲンにいる、有力な人物コリントへ紹介してくれたが、コリントのおかげで彼は大出世をするようになる。

まずアンデルセンがはじめてコリントに会ったとき、コリントは熱意あふれる彼の姿に感動し、「いまなにを一番望んでいるか？」ときいてみた。アンデルセンは正直に「ラテン語学校へ入ることです」と答えたところ、コリントは資金をだして、アンデルセンをそこへ入学させたのである。また、ラテン語学校を卒業した後には、アンデルセンが大学へ入る面倒さえみてくれた。

●幸運を呼びこむ「見えざる真理」

普通の人は運命だと思ってあきらめてしまう。しかし、あくまでがんばることを決意した人には、不思議に奇妙なチャンスがまわってくるものである。

ロバート・H・シュラーは『あなたは思いどおりの人になれる』(産業能率大学出版)のなかで、次のように記している。

「あなたの人生を幸福な積極的な信念で養いなさい。そうすれば、あなたは次のことを発見するはずである。

1　偉大な機会を見つける
2　すばらしい解決策を見いだす
3　不可能な障害を克服する
4　神があなたのために用意された、意外な贈りものを手にする
5　日光が現れるまで暗い雲をおしのける」

すなわち、「彼は幸運だったから」ではなくて、「見えざる真理」によって、「そうなる（成功する）のは必然」だったのである。

必死に努力を続けるアンデルセンにもう一つのチャンスが訪れてきた。彼の大学在学中に、コリントが国立劇場の責任者に任命されたのである。そのために、突然のチャンスで、アンデルセンの作品が国立劇場で演出されることとなった。まさに願望がかなえられたのである。

幸運はたいがい、あい重なってやってくるものである。ほとんど同時にアンデルセンの「詩集」がよく売れるようになった。この頃より彼は世に認められ、出世街道を歩むようになる。

コリントのおかげで、アンデルセンの作品が国立劇場で演じられたのは偶然だろうか？　アンデルセンの作品がすぐれ、彼に才能があったことは、当時彼の詩集がよく売れたことからも推察できる。

だが、問題とすべき点はむしろ、多くの人が実力をもつにもかかわらず、その実力が世に認められないという事実である。アンデルセンは実力なしで認められたのではなく、実力相応に認められたのである（その実力は苦労した人生のなかにこそつくられたものであるが）。

どんな悪い環境にも屈伏せずに、「必ず開花させてみせるぞ」という、ひたすらの願望、そして努力が報われたのである。まさに「一念岩をも通す」である。

でも「僕は才能があったのに、努力してもダメだった」「それだけの実力があるのに世に認められない（あるいは自分の目的を達成できない）」と多くの人はいう。だが、本書は「見えざる法則にのっとれば、すべての人が成功する（あるいは目標に到達できる）」ということを述べたいのである。見えざる法則は誰にも一様に働いている。だからどんな人でもその真理にのっとれば、必ず願望がかなえられるのである。

でも「僕には才能がない。学校の成績が悪い」と多くの人びとはいう。しかし、学校の成績で人間をおしはかるのは大きな誤りである。

誰にもその人個有の素質があり、その人でなければできない特有の、価値ある仕事が存在しているのである。

大いなる夢が実現される

●たとえ夢は遠くても

アンデルセンはチャンスに乗って一躍有名になった。世の中には、ある時点で一躍成功する人もいるが、多くの場合はむしろ長年の努力によって一歩一歩自分の目標へ近づいていくものである。

ある程度時間はかかったが、結局、信念と努力によって自分の望む方向に運勢が転換していき、ついに自分の目標が達成された典型的な例として、次にシュリーマンをとりあげてみたい。

シュリーマンはトロイアの遺跡の発掘で有名である。シュリーマンの一生を述べれば、「一念岩をも通す」の意味がもっと具体的にわかってくるであろう。

シュリーマンはドイツの小さな農村に育った。父は牧師である。「トロイアの遺跡を発掘してみよう！」という一大決心をしたのは九歳のときである。

発端は父の話にある。父はいろいろな歴史の物語を小さいシュリーマンにいってきかせたものである。とくに古代ギリシアの物語（ホメロスの詩）を情熱的に語ったのである。ホメロスの詩にでてくるトロイアの戦いについてのべた父親は、「でもトロイアの遺跡は、いまはもう残っていない。地下に埋まっているのだろう」という。「それなら僕がトロイアの遺跡を発掘してみよう」と、九歳のシュリーマンは早くも大きな夢を心に抱いたのである。子供の幻想であろうか？　だが、子供の幻想をあくまで保持し、それ相応の努力を続けると、不思議にその夢が実現するのが人生の不思議なところである。

しかし、シュリーマンの青少年時代は決して恵まれていなかった。打撃につぐ打撃。とくに一〇代のころは大志どころか、最低の状態においこまれていたのである。九歳のときに母が亡くなり、一四歳のときに父親が牧師をやめさせられた。

わずか一四歳のとき、突然前途が真暗になり、一人で生きていかなければならなくなったのである。

仕方がないので、でっち奉公にいったが、悪いことに毎日重労働をさせられた。朝五時にたたき起こされ、夜の一一時まで仕事を続けたという。

あまりの過労のために、一九歳のときに血を吐き、でっち奉公をやめる。そのため、一九歳のシュリーマンは金もなく、無学で、しかも体を悪くしていた。血を吐いたというのは結核であろうか？　二〇世紀後半の医学なら対処できるが、一九世紀ではかなりのショックだったはずである。

しかし、どんな悪い条件が重なっても、立ちあがることはできるのだ。あきらめたらおしまいである。

冒頭に紹介したトラインの著述から一句を引用しておこう。

「艱難の来たとき、それに対して一歩をゆずるならば、艱難によってあなたは支配されてしまうのである。しかし、もしあなたが、自己の内に逆境を支配する偉大なる力

が存在することを知るならば、艱難の方があなたに屈伏してしまって、あなたは逆境を変じて順境とすることができるのである」

続いて関連する言葉をもう一つ引用しておこう。

「もし逆境にみまわれたならば、静かにおちついてそれをジッとみつめて真相を知れ。そして、後悔や危惧や取越苦労に時間を費すことなく、その代りに自己の内に宿る一層高次の〝有力なる力〟を発動せしめよ。そうすれば、その逆境はあなたに危害を加えることなく去ってしまうのである」

●あきらめは成功の最大の敵である

さて、さんざん失望したシュリーマンはドイツから逃れたくなり、南米へ行こうと思って、北ドイツの港から南米行きの船に乗りこんだ。ところが、出航してまもなく暴風雨にみまわれ、船が破損してしまったのである。もはや生命はないと覚悟したが、気がついたときはオランダの海岸にたたきつけられていた。

生命は残っていた。さてこれからどうしようか？　ドイツに残るのはもうコリゴリ。故郷ぎらいのシュリーマンはオランダにとどまることにした。そして駐オランダのドイツ大使館へ行ったところ、書記のポストがあいていた。

この職にありついて以後のシュリーマンははるかに幸せになった。以前の重労働とはちがい、デスク・ワークである。体が弱っていた彼にもできる。しかもありがたいことに昼間だけ勤務し、夜の時間が自由になった。

そこで彼はこの貴重な夜の時間を利用して、まずオランダ語を学び、つづいて英語を、それからフランス語をコツコツ学習した。おなじヨーロッパの言語であるから、私たちよりたやすく学ぶことができたのであろう。一方、将来にそなえて、歴史の勉強も少しずつつみ重ねていった。


ついでに述べておくが、私はある学生から次のような話をきいたことがある。

「先輩の話によると、就職するとき、自分の専門と関係のあるところへ就いたほうがいい。そうでないと、再び自分の専門の仕事にめぐりあうのは難しい」と。

そこで私は述べた。「シュリーマンの例をごらんなさい。自分のめざすところと、全然関係のないところに就職しても、目標に向かってコツコツ努力する人は成功する。〝自分の専門と関係のないポストに就いたからもうダメだ〟というのは間違っている」

どんな逆境のなかにいても、あきらめず、目標めざして邁進する人はついに願望がかなえられるときがくる。シュリーマンはトロイアの遺跡の発掘のために歴史と語学を勉強し続けていたが、一方では「発掘事業のためにはまず大金をこしらえなければならない」と常に思っていた。一口でいえば「まず金持になること」である。

人間の一念とは恐ろしいもので、「まず大金をつくること」という夢がかなえられるように、シュリーマンの運命が次第に展開していったのである。

●不運はこうして好転した

大使館の書記を三年間やったのち、シュリーマンは、オランダのある貿易会社に勤めることができるようになり、それからまもなく会社からロシアのペテルブルグへ派遣された。ロシア語を勉強したことはもちろんである。そしてペテルブルグに駐在している間に、大金持ちになる夢がかなえられたのである。

なぜなら、彼はヨーロッパの経済事情にくわしくなり、どんなときに、どんな商品を、どの国へ売りつければよいか、ということをうまく把握できたのである。さまざまな物品の貿易でもうけたが、とくに成功したのは、インド産の藍（染料）をオランダの市場で買いとって、ロシアの市場で売ることだった。

ペテルブルグに一五年間滞在している間に、シュリーマンは一大財産を築きあげた。それから後の仕事の目標は、資産を投じてトロイアの遺跡を発掘し、実証することである。

しかし、人生には常に多くの難関があるのだ。シュリーマンが貿易商をやめようとしていたとき思わぬことで訴訟され、そのために三年間の月日をとられてしまった。その訴訟による裁判のために、もう数年間ペテルブルグに残留しなければならなかったのである。

人生においては、「忍耐して時を待つ」ことを強制される場合がときどきある。しかし、願望を達成しようと思う人はそれを乗り越えていかなければならない。平凡な人生でも、忍耐が必要なときがあるが、成功者とよばれる人びとはすべからくそれを乗り越えていることを忘れてはならない。

一八六六年、シュリーマンが四一歳のとき、やっと裁判にケリがついたが、このとき、シュリーマンは突然商売をやめている。すぐにトロイアの遺跡の発掘にとりかかるべきか？　しかし、シュリーマンはそれから三年間をかけて世界各地をまわった。まずカルタゴ（北アフリカ）の遺跡を見学、続いて、メキシコ、インド、エジプト、さらに中国までおもむき、さまざまな古代の遺跡をくわしく見たのである。

こうして四四歳のとき、シュリーマンはようやく念願のトロイアの遺跡の発掘にとりかかったのである。

厖大な資産を投じ、多数の人夫をやとい、発掘を続けているうちに、ついに地下一七メートルのところに城壁がみつかった。そして城壁のなかから金のさかずき、金の腕輪、金の首飾りなど、多数の宝物が発見された。発掘を始めてから四年後のことである（一八七三年）。

この年の六月に彼は発掘を打ち切り、発掘品をもってギリシャのアテネに戻った。それから約一年を費して発掘品を整理しつつ論文を書き、翌年の一八七四年に『トロイアの遺跡』と題して出版することができた。

はじめのうち学者たちはシュリーマンを重要視しなかった。「学術的に信用できない」というのである。しかし、彼の発見した遺物の重要性は次第に公認されるようになった。

その後、シュリーマンはさらにミケーネの遺跡を発掘することにも成功している。

また、二〇世紀に入ってから、真実のトロイアの遺跡はシュリーマンの発掘したものより、もっと下にあることがわかったが、真先に手がけて、優れた発掘（発見）をしたシュリーマンの功績は歴史上依然として重要である。

いくつになっても勝利できる

●人生を左右するのは環境ではなく「願望」である

シュリーマンは非常に苦しい十代を過ごしたが、それ以後は金もうけの軌道に乗ることができた。貿易商で得た大金を投資して、トロイアの遺跡を発掘したのであるから、当時（一〇代～三〇代の時）金もうけと彼の野心との間隔は大きかったものの、ともかく二〇代に金もうけが軌道に乗ったことは事実である。

「自分はもう三〇代だが、まだ発展の手がかりさえつかむことができない。だから自分の人生はもう限られている」という人がいるにちがいない。

また、「自分はまだ二〇代である。だから低い給料しか得られない。このまま就職を続ければ二〇年後、あるいは三〇年後どうなるか、もう先が見えている。どう考えても無理だ」という人もいる。

あるいは「自分はどうせ三流大学をでて、三流企業に就職した人間だから」という。

しかし、**成功の秘訣はいかなる環境のなかにいても、あるいは悪い条件が幾重にかさなっても、(またたとえ年をとってしまっても)願望の焔を強く燃やし続けることだ。そうすれば、チャンスが必ず訪れて、大いなる変化が必ず始まり、ついに自分の願望が達成されるのだ。**

それが「一念岩をも通す」ことの意味である。


次に、五〇歳を過ぎてからようやく勉学のチャンスにありついた伊能忠敬がついに大事業を成しとげた(目的を達成した)ことを述べよう。これは貴重な例である。

伊能忠敬は貧しい家に生まれたが、少年時代に、かつて大商人として有名だった伊能家の養子となった。一八歳のときである。大商人の家に養子にいったとはいっても、その頃の伊能家は斜陽の状態にあった。

しかし、勤勉な忠敬は伊能家をたてなおすために節約し、商売に励み、苦労を重ねた。江戸に一つの店を出したが、まもなく火事にあったということもあった。

三〇代のなかばにいたって、ようやく伊能家が復興するが、しかし、その力をかわれて、一七八一年（天明元年）、三七歳の時に忠敬は村長に任命された。

二〇年間伊能家のために尽し、ようやく一段落したら、今度は村のために働くことになったのである。村長をやめたのは五〇歳のときであるから、一三年間村長をつとめたことになる。

この村長時代がまた大変な苦労の時期であった。村長になってから二年後に関東地方一帯が大飢饉にみまわれたが、このとき、忠敬は長年蓄えてきた自分の財産を投げだして村民を救ったのである。

それから三年後（忠敬が四二歳のとき）、関東地方が再び大飢饉におそわれた。多くの町村はかなり秩序が乱れたが、忠敬の村は村長の仁徳によって暴動もなく、助かったといわれる。

さて五〇歳でようやく村長をやめ隠居することが許されたのだが、当時の日本人の平均寿命は四〇歳前後であるから、今日とは違って五〇歳といえば、もう高齢である。

だが、驚くことに忠敬は江戸へ赴き、幕府の暦官である高橋至時に師事して、天文・暦学・測量の勉強を始めたのである。このとき、忠敬は五一歳で、先生の至時は三六歳であった。

●熱望する人にチャンスが訪れる

当時忠敬は次のように述べている。

「自分は幼いときより求学の情熱に燃え立身出世を志していたが、五〇歳にいたるまで家事などに束縛され、五〇をすぎてようやく念願にありつけるようになった」

また五〇歳を過ぎてから勉強を始め、それでもなお出世しようとする意気込みを、当時忠敬は次の言葉で表現している。

「思いもよらぬ困難が降って湧くようにおしよせてくるかもしれぬ。それはよし。ただ自分は不撓不屈だ。どうでも天の命令を果さなければならぬ」

「伊能忠敬は意志が強いから成功した」と簡単に思うかもしれないが、実はそこには

「一念岩をも通す」見えざる真理が働いていたのである。

第一に、たとえ時間がずれても、かなり遅くなっても、熱烈な念願はいつの日か実を結ぶということである。

もっとも、最近の若者はそんなに強い忍耐をもってはいないだろう。そこでもっと早く念願を達成する秘訣を後に述べたいと思う。

第二に、当時の日本において、天文と測量の分野で最も優れていた高橋至時と間重富の二人が幕府から改暦の御用をうけて、一七九五年（寛政七年）に大阪から江戸へ移住していること、そして隠居を許された忠敬が、**江戸で勉強を始めた同年（一七九五年）に高橋至時と間重富にめぐり会えたことは、あまりにも偶然である。**

「願望は必ず達成される」という見えざる真理を会得（理解でなく会得）した人は、このような**一見偶然にみえる運命のアヤが、あいそろって自分の願望をかなえさせることをやがて理解してくるにちがいない。**

さて忠敬が高橋と間の両先生について勉強を始めてから五年後のちょうど一八〇〇

年（寛政一二年）に、幕府から高橋至時に蝦夷地（北海道）の測量についての問い合せがあった。一八世紀末からロシア人がよく北海道へ来るようになったからである。このとき、忠敬の出世の野心を知っていた高橋至時は忠敬に蝦夷地測量の意向をきいてみたところ、忠敬は老齢にも屈せず、すぐに蝦夷地の測量を申しでた。

忠敬はそのとき五六歳であったが、お上にとどける書類に五一歳といつわっている。なぜなら、当時の五〇歳といえばしわだらけの老人であり、本当の年を書けば許可がでないことを恐れたのである。

まもなく幕府の許可がおりたので、一八〇〇年四月一九日、忠敬は助手三人、人夫二人をつれて江戸を発ち、蝦夷地へ向かった。当時、距離をはかる器械はあったが、一方では、一歩、二歩、三歩と数え、距離を確かめながら北上した。また、夜には、恒星の位置や高度をはかって、その土地の緯度を計算した。

一か月余り後の五月二二日ようやく北海道につき、九月一四日にそこをはなれるまで、約四か月、多くの苦労ののちに忠敬は北海道の東南部地帯を測量した。

さて、江戸へ帰ってのちも、忠敬は測量を続けたいと思っていたが、お上の許可は容易にでてこない。ところが、ちょうどそのとき（一八〇一年）、以前忠敬が村長をつとめていた村の人びとが、忠敬からうけた大きな恩恵について幕府に申しでたのである。そのおかげで、幕府は忠敬に白銀一〇枚をあたえ、関東地方から奥羽地方へいたる沿岸の測量を許可することになった。

そのおかげで、忠敬は日本全国を測量する糸口をつかんだのであるが、この事件は二つのことを暗示している。

ひとつは、情熱を持続する人に対しては、思いもよらない方法で出世などの願望がかなえられるということである（すなわち「一念岩をも通す」）。

もうひとつは、人間は自分の願望がまだかなえられない逆境のなかにいても、自分の任務をまっとうすることが大切であり、このような責任の完遂が後の運勢をきりひらいていくように作用するものである。

一八〇一年の第二回目の測量で、忠敬は関東地方の東沿岸から、東北地方の東沿岸に沿って北上し、四か月かかって津軽半島の三厩までたどりついた。これは、それ以前の日本列島の測量と比べて、はるかに正確なものであった。

●強い願望はあらゆる制約を突破する

この成果は幕府に認められ、翌年（一八〇二年）第三回目の測量を申請したときはすぐ許可がでて、しかも以前より大きな援助があたえられることになった。第一回目のときは自分の財産を一部分あてて行ない、第二回のときも自費で少し補足したが、第三回目には、測量用の経費の全額を幕府が負担することになったのである。このときは奥羽地方の西沿岸に沿って測量を敢行し、第二回目と同様に多大な成果をおさめた。

第三回目の測量が終わると、忠敬に対する幕府の信用はますます高まり、続いて忠敬が中部地方沿岸、さらに近畿地方沿岸、中国地方沿岸を、最後に九州沿岸を測量することを幕府はずっと援助し、ついに伊能忠敬は一八一四年、七〇歳のとき（当時としてはかなりの高齢）日本全国の測量をほとんど完成したのである。

そのとき、忠敬はすっかり疲れていた。当時の健康常識ではとても考えられないこと（高齢をとおして日本全土を歩きまわって測量したこと）が完遂されたからである。しかし、その後、忠敬は日本地図を整理し完成するために、また二冊の書物を書くために自室でデスクワークを継続した。

日本の領土でただひとつ、忠敬が測量できなかったのは北海道の西北部だけである。しかし、この部分は、一八一一年に忠敬から測量をならった間宮倫宗がかわって測量を行ない、ちょうど忠敬が逝去する一年前（一八一七年）に、倫宗がその資料を忠敬に提供した。

見えざる真理からみれば、これも単なる偶然ではない。

強い願望は多くの支援者をひきつけて、自分の目標を達成していくことを忘れてはならない。こうしてついに死の一年前に忠敬の『日本輿地全図』が完成したのである。自分の仕事が一段落するや、翌一八一八年（文政元年）に忠敬は七四歳で逝去した。

「どうしても自分の仕事を完遂したい」と潜在意識に強く刻みこんだ人、すなわち強く決心した人は、不思議なことに、たとえどんなに体が衰弱しても、そのときまで

（仕事が一段落するまで）生きのび、自分の仕事の完成（あるいは一段落）とともにこの世を去るのである。

私はこのような例をかなり多く知っている。たとえば医者から「もう君は字を書けない」と宣告された人が、その後数冊の本を書きあげ、「自分がどうしても書きたいものは全部書いた」といった数か月後に、不思議な病気で亡くなっていった。

このことについて、アーノルド・A・フーチュネッカーは次のように記している。

「**私たちは死の準備をしておいて、その時のみに死するのである。**……私たちは死を無意識が欲しているときに死ぬのである。……もし私たちが真に生きんと欲するならば、もしまた生きんという強い誘因をもつならば、**すなわち何らかの〝生〟に対する目的物をもつならば、そのときどんなに自分の病気が重態であっても、たとえ死に瀕していようとも、私たちは死なないのである**」

こうして、私たちの強い願望はあらゆる制約を完破して成就される。いままで述べたところから、「一念岩をも通す」の意味がある程度理解できれば幸いである。

熱望が奇跡をもたらす驚異

●驚くべき想念の力

「一念岩をも通す」とは毎日毎日常に強く希望を念じることであり、また、それに即応して努力を続けることが大切である。

根本になるのは強い想念である。なぜなら一生懸命努力して成功しなかった人はいくらでもいる。才能があり、努力もしたが、うまくいかなかった人も多くいる。なぜか？　想念において破れたからである。

「想念」というのは、無力で抽象的なものではなく、実に驚くほどの力をもつものである。

このことをトラインは次のように述べている。

「想念は活発な生きている力、最も精妙なる、最も活動的な生きている力であって、宇宙に存在する最も抵抗不可能な力なのである」

「想念は〝形〟をもち、〝実質〟をもち、〝エネルギー〟をもっている。私たちは〝想念の科学〟と称すべきものを発見しつつある」

想念の力の驚くべきひとつの実例を述べよう。

宇宙工学で有名になったドイツ出身のシュミットは、第二次大戦中、ソ連の捕虜として、ウクライナ（南ロシア）で労働をさせられていた。しかし、シュミットは「強い想念が必ず奇跡をもたらす」ことを知っていた。彼は勇敢に次のように力強く想念を続けた。

「自分は必ずこの捕虜生活から脱出し、アメリカのロスアンゼルスへ行って、戦争直前にドイツで会った恋人（彼女の家はロスアンゼルスにあった）と結婚する。また、自分はアメリカで研究をし、優れた宇宙工学者になる」

まず捕虜生活から脱出することであるが、これは運よくかなえられた。シュミットはある夜中に収容所から脱出したが、翌朝点呼をするとき（番号を呼んで人数を確かめているとき）、シュミットの番号がないことに番兵はうっかり気づかなかったのである。もし気がついたらすぐ手配をしてさがしたであろう。

第二次大戦後、日本兵もかなりソ連の捕虜としてシベリアに抑留されていたが、その一人の話によると、逃亡して捕えられたら銃殺になったそうである。

こうして収容所が気づいたときには、シュミットはすでに遠くへ逃亡していた。逃亡してのち、当分は川の魚を食べたりしながら、飢えをしのいでいた。そしてやがてウクライナからポーランドへ向かう石炭車にかくれて、ポーランドからドイツへ逃げこみ、西ドイツまでたどりついた。

さて、故郷に戻ったシュミットは、長年の苦労から一息つき、休養のためにスイスのジュネーヴへ行った。ところが、ジュネーヴへ行ってからまもなく、あるアメリカ人に出会い、「アメリカへ行かないか？」とさそわれる。

シュミットはただちにＯＫした。ところが、そのアメリカ人が連れて行ったところが、なんと憧れのロスアンゼルスだったのである。シュミットはソ連の捕虜収容所のなかで、ロスアンゼルスの街を歩いている光景を熱意をこめて描いていた（俗にいう空想をしていたのである。ただし信念をこめて）。

しかし、それが彼の予想通りに実現したのである。なぜなら、**強烈な想念の繰り返しによって潜在意識にうえつけられたものは、必ず現象として具体化するのである。**

●熱望は常識をくつがえす

さて待望のロスアンゼルスに着いたシュミットは、予想通り（「空想した通りに」）アメリカ人の恋人に出会い、とうとう彼女と結婚することに成功した。そしてシュミットのもうひとつの念願である、アメリカで宇宙工学を研究し、成功することもかなえられたのである。

多くの人はこの事実を奇跡とよぶであろう。まことに、「事実は小説より奇なり」

である。しかし、本書で説明するように、見えざる真理の立場からみれば、このことは、実は必然といえる。

もう一度トラインの言葉を引用してみよう。

「いわゆる〝想像されたる想念〟は実在であり、不可視の要素として実在する力である」「信念、絶対的な圧倒的な信念が、真の成功の唯一の法則である」

自分の希望することを熱烈に念願することだ。そして逆境のなかにいても、どれほど困難が多くとも、自分はそれを突破すると信じる人は、ついにあらゆる難関を突破して、自分の希望を実現するのである。

次にもうひとつの例をあげておこう。アメリカのフットボール史上最高の業績をうちたてた、トム・デムシーの実話である。

まえもって述べておきたいが、アメリカのフットボールはベースボールと同じく、ポピュラーで人気のあるスポーツである。

トム・デムシーは生まれながらにして、右手と右足が左のほうより短く、体が不自由であった。ところが、彼はフットボールに入れこみ、高校時代にフットボールできわめて優秀な成績を示した。

そして自分の体が不自由であることをかえりみずに、**「僕はプロの選手になるのだ」**といいはったのである。

「そんな体でプロの選手になれるはずがないではないか！」というのが常識であろう。しかし、人間の熱望は常に常識をくつがえしていくものだ。もちろんなかなか思い通りにはいかなかった。

トム・デムシーの成績が優秀だったので、あるプロのチームのメンバーに面会を求めたが、会ったとたんに拒絶された。「君はプロの選手になれるガラではないよ」といわれたのである。

しかし、彼は周囲の否定的な眼を問題にしなかった。必ず自分の願望は達成されると信じたのである。

そして彼が夢に描いていたように、トム・デムシーはついにニューオルレアンズ・セインツのチームの選手になることができたのである。まさに「一念岩をも通す」である。

だが、それだけなら彼の名はそれほど知られなかった。やがて全アメリカに、そして全世界にその名をとどろかせる、驚くべきことが起きたのである。

●願望を刻みこめ

ある日、ニューオルレアンズ・セインツとデトロイト・ライオンズが試合を行なっているときのことであった。試合の終了まであと数秒というとき、デムシーが六三ヤードの遠方からけったボールが見事ゴールインしたのである。あまりに遠かったので、審判官の合図でようやくゴールインを知った。そしてこれはアメリカのフットボール史上の記録（それ以前の記録は五六ヤード）を更新するものであった。

ハンディ・キャップのある人がかえって最高の記録を創りだしたのであるが、それは見えざる真理の立場から解釈できることである。なぜかというと、**ハンディを克服して勝利しようと熱望している人は、常に「それでもやってみせるぞ！」と心のなかでさけんでいるからだ。**

デムシーは身体にめぐまれた人以上に「やってみせるぞ！」とすごいファイトを燃やさなければ、難関を突破できなかったのである。ところが、これは宇宙の心と実相により強く自分の意志を刻みつけたことになるのだ。そのため、その反応として、よりすばらしい結果（成果）が生みだされたのである。

しっかりと覚えておいてもらいたい。

宇宙の心と実相により多く、より強く刻みつけた人はより多くの成果を勝ちとるのだ。見えざる真理からみて、この世の中には原因と結果がはっきり成立している（因果の法則が成りたっている）のである。

トラインの言葉をもう二つ引用しておこう。

「人間生活のすべては原因・結果の法則で成りたっている。偶然というものは地上に

は存在しないし、宇宙にも存在しない」

「全世界に、あなたに与える最善なるものを引きよせる基盤となるものは、自己の心の中に、まずそれを想念をもって取り囲み、所有し、それを生活することである」

2章

強大なパワーを持つ〝信念〟とは何か

私たちを支配しているものは何か

●道元の達見とその来源

鎌倉時代で最も著名な仏教徒の一人である道元は次のように述べている。

一　美女を娶ろうと思えば、日夜切に思念すべし。さらば、これを得ん。

二　ある物件を盗もうと欲すれば、これまた日夜切に思念すべし。さらばこれを得ん。

この二つについて説明しておこう。まず「一」について述べよう。美女を娶ろうと欲するならば、毎日このことについて強く思念せよ。そうすれば、前に述べた「宇宙の心」に強く刻印されることになる。これを長時間行うならば、その効果は絶大なものとなり、ついに美女を得ることができるのである。

「二」についてはさらに驚かされる。盗みについて長時間思念すれば、宇宙の心に大なる刻印をしたことになるので、これまた、かなえられるというのである。

ここで注目すべき点は、「宇宙の心は善悪に関係なく作用する」ことである。

後に説明するように「宇宙の心」は潜在意識の一種である。潜在意識といえば、「二〇世紀のフロイトとユングに始まる」と一般の日本人は考えている。

しかし、実は、潜在意識の理論は五世紀のインドで発表されたのである。多くのインド思想の書物のなかで、潜在意識の理論をはじめて述べた人を「世親」と記している。

さて一つの疑問は、一三世紀の道元が、なぜインドから伝わってきた潜在意識について知っていたのであろうか?

道元は仏教を学ぶために、一二二三年に宋（中国）へ出航し、中国の天童山景徳寺に居住した。道元はそこに約四年間在住し、一二二七年に日本へ帰国している。その時期に、道元は仏教の外に、インドから伝わった潜在意識について学んだものと思われるのである。

潜在意識には二種類のものがある。

第一は個人の心に関するものである。**個人の心は、「表層意識」と「個人の潜在意識」の二つに分けられる。**前者は知覚（五感で感じとるもの）と理性をつかさどる部分で、知る心と思う心を合わせたものである。

まもなく詳しく説明するが、個人の潜在意識は、本能や習慣の心などを内含する。

次に、**すべての人の心が、「共通の潜在意識」という広大な、不可思議なるものとつながっている。**多くの本では、これを「宇宙の心」と名付けている。

私たちは宇宙の心から運命の波を受けているが、一方では、私たちは宇宙の心に自分の願いを刻みつけて、願望を達成することもできるのである。これらについても、まもなく詳しく述べる。

さて、個人の潜在意識と宇宙の心は、すでに五世紀のインドで知られていたが、この思考は世界的に広がらなかった。一方、フロイトの理論とユングの理論は、二〇世紀の時勢のために、すぐに世界的な波紋を引き起こしたので、この章では、フロイトとユングを大きく取りあげることにする。

●私たちは潜在意識にコントロールされている

私は台湾で大学を卒業してから日本へ来たが、中学・高校時代のある親友が実際に経験した話を取りあげてみよう。

台湾ではマラリアといって、熱帯特有の病気、つまり一種の熱病にかかる人が少なくない。

私の友人は高校時代にマラリアにかかり、発作的な発熱を繰り返していたが、冷水浴をすることによって熱を下げ、マラリアをたちまち治したのである。ところが、それをきいた医者は大きな声でどなった。

「マラリアにかかったら水にふれてはならない。冷水浴なんてもってのほかだ」

しかし、不思議なことにそれでもマラリアは治ったのである。

彼は「冷水浴がすべての病を治す」ということてつもないことを信じていたので、マラリアに対しても、自分の信念通りに実行したのである。

いま述べた例は、潜在意識がいかに強い動きをするかを示している。私たちの潜在意識が信じた通りに病気は治り、あるいは反対に病気が悪化したりするのである。それは医学的にみて正しいかどうかには全く関係がない。

私たちは気づかないが、潜在意識はさまざまな方面でたえず私たちをコントロールし、左右しているのである。

●盲目的に人を動かす本能と習慣

一九七〇年ごろまでは科学万能の時代であった。理性万能の時代ともいわれていた。科学は人間の理性が生みだしたものであり、科学によってすべてのことが解決されると信じた人びとは、理性であらゆることを処理しようとした。

理性万能、あるいは科学万能の生みの親は一七世紀前半に活躍したデカルトである。そして一七世紀後半以後、一八世紀、続く一九世紀を通じて、理性万能という考え方は次第に力を増してきていた。

二〇世紀に入ると科学が一層発展し、理性万能の考え方は二〇世紀なかば（第二次大戦後）に最高潮に達するが、一方において、二〇世紀初頭にすでにフロイトが心理学の立場からみて、理性万能が成立しないことを明示していた。

フロイトによれば、ひとりの人間の心の約八〇パーセントが盲目的な潜在意識である。そして残りの二〇パーセントが理性（思う心）と知覚（知る心）によって占められているという。知覚は五感によるものであるが、この二つをあわせてフロイトは表層意識とよんだ。

すなわち、理性とか知覚とかいうのは表層にある心であり、心の一部分にしかすぎないというのである。そして盲目的な働きをなす潜在意識（奥にある心）が八〇パーセントという大きなパーセンテージを占めているのである。

この潜在意識には本能や習慣などが含まれている。

本能の働きがいかに大であるかは、若者の異性への憧れや親子の愛情をみてもわかるであろう。それは理性のコントロールをはるかに上まわる強力なものである。

次に、習慣は第二の本能といわれるように、いったん習慣が形成されると、自分が意識しなくとも、習慣によって束縛・規制されるようになってくる。

「タバコがなかなかやめられない」「酒がやめられない」ということをよくきく。自分の身体に有害と注意され、やめなければいけないと思っても、なかなかどうして、いったん習慣になったものはたやすくはやめられない。

習慣の範囲は非常にひろい。「よく読書をする」あるいは「なまける」というのは習慣である。

人間は本能や習慣によって大きく動かされているということができるだろう。

未来はこうして予知される

●すべてにつながっている「共通の潜在意識」

一九三〇年代にユングがフロイトに劣らないほど重要なことを発表した。

それは「個人の、つまりひとりの人間の〝潜在意識〟が共通の潜在意識という心の大海原につながっている」ということである。別のいい方をすれば、**「すべての人の心（のなかの潜在意識）が〝共通の潜在意識〟という広大な心につながっている」**のである。

この心の大海原を「宇宙の心」とよぶこともできるし、当時無意識という用語がさかんに使われていたために、ユングはこれを**「集合的無意識」**と名づけた。

さて「共通の潜在意識」というものが存在するなら、いままで述べてきた一人の人間の心のなかの潜在意識というのは、正確には「個人の潜在意識」というべきである。まえの節で、私たちは理性より以上に、盲目的な個人の潜在意識によって動かされていると述べたが、実はその他に、共通の潜在意識という強大な力によって左右されているのである。

たとえば、「泣きつらにハチ」という諺がよく知られている。悪いことはあいついで起こるものである。これはほとんどすべての人が体験している事実である。あるいは、「福はあいつぐ」ともいわれている。

よいこともたいがい、あい重なって到来する、あるいは起こるものである。そうすると、運勢の波というものが存在することになる。運の強いときと弱いときがあるわけである。一人の人生でこのことが繰り返されている（一定の周期で起こるとは限らないが）、あるいは一人の人間の一年のあいだにも、このような波に乗ったときと、波にうまく乗れない、悪いときがあることは、多くの人が気づいているはずである。

もしすべての人によい波がほとんど周期的に繰り返されるならまだよいが、よく観察すると、**いつも運勢の強い人と、いつも運にめぐまれない人がある。**

どうすれば運勢を好転させることができるか？　ということが問題になるが、そのまえにまず、ともかく運勢の波があるという事実に着目しよう。

とするなら、私たちは見えざる宇宙の心という心の大海原によって、たえず左右されているということになるのである。

すべての人の心が、宇宙の心によって「見えざる世界」においてつながっているということは、次のよく体験される実例でも、ある程度ヒントが得られるであろう。

霊感がないと自分で思っている人でも、肉親が死ぬときになんらかの暗示をうけとるものである。たとえば、変な夢を見て、目覚めてのちも忘れることができないとか、あるいは夢の他の方法で肉親の死が暗示される場合も多い。

霊感のない普通の人でもそうであるが、霊感にとむ人なら、他人の有様についてずっと多くのことをキャッチできるものである。

テレビで多くの人びとが見ているが、霊感にとむ人は電話だけで相手がどのような顔をしていて、どのような人間であるか、すぐにわかるという。相手の病気についても知ることができるのである。私の知人にも電話だけで相手の多くのことを知りうる人がいるし、テレビにでてくる話も必ずしもハッタリばかりではないようである。

もちろん、電話でなく直接会えば、霊感の強い人は、その相手についてより多くのことをすぐに判別できるのであるが、本書は神秘現象の話が目的ではないので、この方面についてはあまり深く述べないことにしよう。

●「ある夢」は潜在意識からの情報である

共通の潜在意識（宇宙の心）には、過去の情報、今日の世界にあるすべての情報から、さらに未来についての情報も大量に蓄えられていることに着目したい。一般に女性には霊的能力の強い人が多いが、一例として私の兄嫁の体験した多くの事例のうち二つを紹介しておこう。

ひとつは夢のなかで、「一週間以内に子供に生命の危機が起きる」と告げられたことである。そのときから五日間たったが、まだなにも起こらなかった。しかし、六日目に、生まれてまだ数か月しかたっていない赤ちゃんが、フトンのなかにくるまって、息がとぎれそうになったのである。いそいで注射などの手当をし、辛うじて子供の死をまぬがれたとのことである。

似かよったことを体験した女性はかなり多いが、もうひとつ、二年後に起きた事件を夢でみた例を述べておこう。

おなじく兄嫁からきいたことであるが、自分の娘が手術をうけている夢を見たのである。そしてそれから二年後に事実自分の娘が手術をうけることになった。ところが、なお不思議なことに、二年前に夢で見た通りの手術室と、その周辺の光景が正しく現れてきたのである。

これはなにを意味しているのか？　夢に見た時点で、娘の病気はかなり進行しており、もはや二年後に手術をまぬがれないことはすでに医学的に明白になっていた。しかし、当時はまだ医者の検査をうけておらず、誰も知らなかったのである。そしてこのことが共通の潜在意識のなかに情報として組みこまれてしまったわけである。

しかも、自分の娘が二年後にどの病院で手術をうけるか、また、その病院内の二年後の事情にいたるまで詳しく知りえたのである。

これらのことは一種の運命として定められており、共通の潜在意識のなかに特殊な未来情報として挿入されていたということになる。そして特殊な予感力をもつ人はそれを読みとることができるのである。

きわめて特殊な人の体験談でなく、もっと多くの人に知られている例について少しふれておこう。

第一次世界大戦でも、第二次世界大戦でも、その二〜三年前からそれを予知していた人は少なくなかった。

たとえば、ある霊能力者が夢ではなく、昼間に幻覚状態におちいったときに、しゃべったことをメモした記録が、多くのヨーロッパ人に知られていた。

そして事実ヨーロッパで悲惨な世界大戦が展開された。ところが、霊能力者がその二〜三年前に語った戦場についての内容と、現実に起こった戦いの展開はいくらか食いちがっているのである。これはどう解釈すればよいのであろうか？

第一次大戦も第二次大戦も、当時のヨーロッパの情勢からみて、もはや戦争が避けられないことは、戦争勃発の数年前から知られていたといっても過言ではないだろう。そこで共通の潜在意識（宇宙の心）に大戦不可避という情報がはっきりと挿入されていたのである。

しかし、二年後に戦争が勃発するまでに、多くの人びとの意志がいろいろ介入し、またさまざまな事件があいついで起きたために、現実に起きた場面は二年前の予測、つまり二年前に宇宙の心のなかにあった情報から若干ずれていたのである。

別のいい方をすれば、**多くの人びとの意志の作用によって、宇宙の心の中の情報がたえず変動しているのである。**

だがこの節の最後に、大戦の予知についての明白な記録をひとつだけ記しておこう。マーフィは著述のなかに次のように述べている。「自分は第二次大戦が始まる一年余り前に、アジアのある国から長期招待をうけた。はたして行くべきか迷ったが、やがて夢のなかに、〝日本の飛行機の真珠湾攻撃〟（一九四一年十二月八日の出来事）ならびに〝日米間に大戦勃発〟の新聞を手にしている場面が現れたので、その招待を断った」。

運命の糸は自分で操れる

●人間を操る運命の糸とは

台北（台湾）にいる先輩のAさんからきいた話をまず述べておこう。

「自分が今日生きているのは、ある友人がかわりに死んでくれたからだ」

その話の大要は次のようなものである。

彼は第二次大戦中に日本に留学していた。大戦中、横浜から台湾へ行く汽船はかなり数少なくなっており、一か月か二か月に一便しかないのである。そのキップを入手することは容易ではない。Aさんも苦労してそのキップを入手したらしい。

ところが、台湾へ行く船が横浜港から出る一時間前に、キップをもっていないある留学生B君がやってきて、多くの乗員に一人一人頼んでいた。「私はぜひこの船で帰らなければ……。誰かキップをゆずってくれないか」とせがんでいたのである。

しかし、誰もなかなかゆずろうとしなかった。「このキップをさんざん苦労して入手したのだ。自分も早く台湾へ帰りたい」というのである。

だが、そのとき、Aさんは B君に同情し、「君がそんなにこの船で帰りたいのなら、僕のキップをゆずってあげよう。僕は次の便でもよいから……」といって、B君にキップをゆずってあげた。

ところが、この汽船は台湾へ帰る途中、沖縄の近くでアメリカの潜水艦に攻撃され、沈没してしまったのである。そのために、本来死ななくてもよかったB君が死に、逆に死ぬはずだったAさんがかえって助かったのである。


この話は人間の運命の恐ろしさをのぞかせる。もし予知能力のある人なら、きっと「Aさんは助かり、B君は死ぬ」ことを予知していたであろう。

たとえばある電車に乗ろうと思って、家を出ようとしていたとき、友人から突然電話がかかり、長話になったために電車に乗り遅れてしまった。しかし、乗ろうとしていた電車が転覆し、その電車に乗らなかったおかげで生きのびた、というような例がよくある。

ところが逆に、火に飛び入る夏の虫みたいに、災難めがけて知らず知らずに突進していく人びともいる。いま述べたB君がその例である。

災難というものは、見えざる真理からみれば、一種の運命の磁石である。もし私たちのなかにある磁石が災難の磁石に反発するものであるなら、その力の働きによって、災難が遠ざかっていく。そして逆に、災難に吸いつけられるような磁石をもっている人びとは前例のB君のようになるのである。

こうしてある人びとは災難から逃れ、ある人びとは災難に吸いつけられていく。そして繰り返し述べるが、**多くのできごとはすでに見えざる世界においてあらかじめ定められているのである。**

●「偶然」は自ら呼びこむものである

あらかじめ定められている運命が、いかに逃れがたいものであるか、そして運命の進行がいかに驚くほど正確であるかの一例を次に述べておこう。

一九六六年のことである。私はある朝、パンとミルクを買って、家へ向かって走っていた。その途中、私の眼前に雀がまっすぐに落下しているのを見た。そして、その雀は私の走っている一メートル先の地点に落ちたのである。

中国では「雀が落下するのを見れば、自分に最も大切な人が死ぬ」という言い伝えがある。

ちょうどその日の夕方から、台湾にいる私の父親がはげしい下痢に襲われたのである。近所の医者をたずねたが、普通の下痢として取り扱われ、ごく普通の薬をあたえられた。

しかし、病状はひどくなるばかりであった。母親があわてて病院へ運んだときはもう遅かった。とうとう私の父親は病院へ運ばれてから、まもなく亡くなったのである。

雀の落下による私の父親の死の予告は、計算してみれば、まさに〇・一秒の正確さで起こったのである。もしそうであるなら、〇・一秒の誤差によって起こるという自動車の事故も、必ずしも偶然ではないのである。予知能力のある人なら、友人などの交通事故も予知できるのであろう。

「ある人が某所を歩いていたら、偶然に災難にであった」ということをよくきく。新聞でもこの種のニュースがよく出てくる。

「彼は運が悪かったのだ」と人はいう。確かに運が悪かったのであるが、それはあらかじめ決められていたことかもしれない。

ただし、その人が善人であるか悪人であるかによるのではなく、その人のもっている心の磁石などによって決定されるのである。

希望する「心の磁石」をつくれば、やがてそれが現象化してくるものであるが、たとえば、本書で述べていく方法を習得すれば、会いたいと願っている人と偶然どこかで会えるのである。それはあたかも偶然にみえるが、実は偶然ではない。

私の本の読者が私に会いたくて、二回私に電話した。しかし、いつも多くの急用や原稿に追われている私は、時間をつくれないからと断った。だが、彼は、ある書店の地下道で私にめぐりあい、「写真そっくりだ」といって話しかけてきたのである。私は彼の熱意にびっくりし、喫茶店で三〇分余り話をした。そして彼と交際をするようになった。

また、不思議なことに、彼は三〇分の短い話をしているうちに、私の願望のひとつをかなえてくれたのである。

彼は「私に会う」ことを手帳にメモし、ときどきそれを見て、私に会えると信じていたそうである。このように方法さえ間違わなければ、願望は必ず実現するのである。

●「人を呪わば穴二つ」と知るべし

次に、相手が憎らしい場合について述べよう。

「憎い、あいつをやっつけてやろう」と常に強く考えている人は少なくないであろう。

そこでこの問題について、まずはっきり解答したいが**「相手をやっつける」ことを強く想念すれば、そのことがかなう可能性も大になるが、その想念の強さ（正確にい**

えば、強さ×時間の長さ）に比例して、「悪いことも自分に多くはね返ってくる」のである。そしてたとえ相手をやっつけることに失敗しても、確実に〝悪〟が自分に戻ってくるのである。

これが共通の潜在意識（宇宙の心）の反作用の法則である。あるいは見えざる真理だといってもよいであろう。

日本の諺にも、「人を呪わば穴二つ」とある。相手に害をあたえようとする心理（想念）自体が、宇宙の心に悪い波紋を投げかけていく。その波紋はほとんど確実に自己に悪い結果として戻ってくるのである。

聖書にも**「仇は神に任せよ」**という言葉がある。実は「因果応報」により、宇宙の心（あるいは神）でそれ相応のことが進行するものであるから、「ぜひともおれが彼をやっつける」と力む必要はないのである。

とはいっても、怒りをおさえるのはかなり難しいことである。そこで、**「人を多く許すものは神に多く恵まれるであろう」**ということをまず指摘しておきたい。宗教を持たない人は「神」のかわりに「見えざる真理により」とおいてもよいのである。これが宇宙の心、すなわち見えざる真理についての重要なポイントである。

見えざる真理への理解が高まるにつれて、自然に人を多く許すようになり、自然に怒りをおさえるというより「怒りが消えていく」ようになるが、とにかく**願望達成のため、また、運勢改善のために、「人を憎む」あるいは「怒る」という心情をできるだけ減少させなければならない。なぜなら、それらは宇宙の心に悪い種をまくことになるからである。**

●貧乏する人は自らその種をまいている

できるだけ「人のためにつくす」「他人を助ける」という心を持ち、できればそれを実践していくことが願望達成、そして運勢改善のひとつの秘訣になる。

なぜなら、このような心、あるいは行動、実践が宇宙の心によい種をまいて、結局はよい結果として反応してくるからである。

本書を読まれていくうちに、次第にそのことを理解し、また、実際にできるだけ多くの人のために行動できるようになってくるのであるが、しかし、次にもうひとつ注意しておきたいことがある。

それは他人のためにつくすとき、「おれが助けてあげているのだ」「おれのおかげで君が助かる」というような心情を持てば、せっかくの功徳を減少させるということである。第一、その場合、相手はあまりありがたく感じない。そしてそれに比例して、宇宙の心への種まきの効果もうすらいでくるものである。

他人のため、あるいは世のためにつくせば、まず「自分はやるべきことをやったのだ」「自分はよいことをしたが、それでよい」と思うことだ。

そして次第に見えざる真理を理解していくと、「これは必ず自他ともによくなるのだ」「自分によい結果をもたらす」ことがわかってくる。しかし、その功徳は普通助けてあげた相手からはこないで、他のところからくるものである。

ただ、**「宇宙の心によい種をまけば、よい結果がくる」**という一般法則によるものである。

こう述べると、疑問を持つ人もいるだろう。「でも、私の知っているある人は善人なのに、なぜいつも貧乏なのだろうか?」あるいは「善人なのになぜいつも運が悪いのか?」

その理由はこうである。貧乏な人はたいがい「おれは貧乏なのだ」「おれは金運がついていないのだ」といつも周囲にこぼし、自分でも常にそうつぶやき、そう思っている。ということは、実は宇宙の心にいつも無意識に貧乏の種をまいているのである。そのため、貧乏の結果が繰り返し現れてくるのである。

とくにそう思いながら寝るのがよくない。寝る直前の想念は宇宙の心に大きく作用するからである。

また、この種の人びとは、「とても世の中はきびしい」「自分の地位はとても改善できない」と潜在意識で常に思っているのである。

そのため、信じた通りに悪い状態が続くのである。なぜなら、宇宙の心に「ダメだ」「とても無理だ」という種をいつもまいているからである。

潜在意識に願望を植えこむ方法

●表層意識を乱す雑音を消せ

潜在意識についてこれだけのことを説明すれば、どのようにして、自己の願望を達成できるのか、ある程度の手がかりとなるだろう。そこでまず願望達成のための一般論から述べてみよう。

まず個人の心の八〇%が盲目的な潜在意識であること、そしてこの部分がさまざまな病気や種々の悪い癖をつくっている要因であることがわかれば、それなりの対応もできる。

たとえばアレルギーによる病気をとりあげてみよう。牛乳アレルギーやビールアレルギーは少なくない。私の知人のなかにも多くいる。やせている人に多いが、太っているにもかかわらず牛乳やビールを飲めば下痢をする人もいるのである。

これは個人の潜在意識の働きによるものである。「牛乳を飲めば下痢をする」という経験がつみ重なるにしたがって、潜在意識のなかに、「牛乳が下痢の原因となる」という〝レコード〟がつくられ、次第に強まっていくのである。いったんこのレコードが心のなかにできると、おなじ現象が繰り返され、普通すぐにはなおらない。

ではどうすればなおるか？

信念が強くなってくれば急になおる例もあるが、信念の弱い一般の人の立場で話していこう。

この種の人が牛乳を飲んで下痢をしないようになるためには、心のなかにあるこのレコードをこわさなければならない。

ではどのようにしてこわせばよいのだろうか？

一番よい方法は、できるだけ騒音の少ないところに静かにすわって、自己の潜在意識にいいきかせることである。

「それは今日までの潜在意識の作用によるものだ。いま、自分はこのような潜在意識を変える、もしくは変えつつある」「牛乳を飲んで下痢をするという心のなかのレコードをいまこわしていく」「これから次第に胃腸も強く丈夫になる」「いますぐでなくとも、やがて強くなる」

こういうふうに自己の心の内部、別の表現をすれば自分の胃腸にいいきかせるのである。毎日、毎日このように想念するのである。

騒音があると、表層意識が刺激、攪乱されるから、潜在意識にうえつける効果が減少する。だから静かな所のほうが効果がある。また、強い光線も表層意識を刺激するから、薄暗い所のほうが効果がある。しかし、多少光が強くとも眼をとじればよいのだから、第一の邪魔者はやはり音である。

このように想念するとき、身体はできるだけくつろいだほうがよい。身体をリラックスさせるほうが潜在意識に植えこみやすいからである。イスの上に楽にすわってから想念を始めるのがよい。もちろん慣れて次第に自信がでてくれば、どんな場所でもどんな姿勢でもよい。

しかし、心はリラックスさせることが絶対に必要である。緊張したり、心配した

り、あるいは雑念があれば、潜在意識へ植えこむことができなくなるからである。

●自己催眠を利用せよ

　では想念する時間の長さは？　これは信念が増すにつれて、短い時間で足りる。一回一分間でもよく、三〇秒、あるいは二〇秒でもよい（ただし信念が強ければのことである）。

最も重要なポイントは繰り返すことである。一回一分間を少なくとも朝晩二回、できれば一日に数回するのである。多忙なら、朝三〇秒、夜休むまえに三〇秒、合計一日一分間だけでもよい。でも初心者は一回数分間とるほうがよいだろう。

　潜在意識にしっかり植えつけて、アレルギーをとりさるためには、普通、若干の時間を待たなければならないもので、毎日毎日同じ想念を繰り返すことによって、ついに潜在意識の内容（たとえばアレルギー）を変える日が来るのである。

　もっと正確にいうと、あるところまでいけば、個人の潜在意識の内容が変わり始め、日がたつにつれて、次第によくなっていく。そしてついに全く変わってしまうこともありうるのである。

「あるところまでいけば変わり始める」と述べたが、本書を読んで信念が増していけば、実行し始めてからまもなく変化を感じとることができる。

ただし、最も注意すべき点がひとつある。せっかく想念しても、あるいは想念したつもりでも、その直後に、あるいは同時に、「そんなバカなことがあるものか」「だけどとてもなおりそうもないよ」と想うなら、それが潜在意識に刻みこまれて、効果がなくなるのである。

牛乳アレルギーでも**ビールアレルギー**でも、治療のコツはいま述べたことが基本になる。飲食物以外のアレルギーでも、たとえば、**漆アレルギー**というものもおなじ方法で治療することができる。いずれも個人の潜在意識の作用によるものであるから。

また、**吃音**もおなじ要領でなおすことができる。これも一種の習慣のせいであり、個人の潜在意識にかかわる問題であるから、同じ方法でなおすことができる。

禁酒・禁煙の問題にしても、また**多くの慢性病**の治療も全くおなじである。

運命を逆転させる想念とは

●あらかじめ決められている近未来

個人の潜在意識がどんなものであるかを理解することによって、個人の潜在意識にかかわる多くの問題、さまざまなアレルギー、吃音、また禁酒・禁煙、そして多くの慢性病をなおせること、少なくとも好転させうることを指摘した。

次にもっと奥深い心共通の潜在意識、すなわち宇宙の心が作用する人間の運命、そしてそれと関連して、どうすれば願望を達成できるかを述べてみよう。

いままで宇宙の心について少し説明してきたので、それがわかれば自然に対処する方法もあるものだ。

すでに述べた「宇宙の心」からわかるように、**近い将来のことはあらかじめある程**

度きめられている。それは過去の自分の想念や種々の要因によって形づくられているからである。

「近い将来」というのはどれほどの期間を指すか？　それが数日であるか、数か月であるか？　あるいは数年間のものであるか？　また、その対象が健康についてなのか？　お金、家庭環境、職場に関することなのか？　その問題によって異なり、もちろん各人の事情によっても異なってくる。

　そこで第一に、できるだけ早く悪い状態、あるいは望ましくない状態から希望する状態へ変更させること、そしてついに自分の願望を達成することが重要となってくる。一章で述べたように、「一念岩をも通す」のであるから、いかに条件が悪くとも、何事も必ず好転させて、自分の願望をかなえることができるのである。

　第二に、すでに運命として、あるいは過去の因縁により決定された、近未来の内容は絶対に変えることができないであろうか？　もし大きな不幸なら、これをなんらか

の方法で避けたいものである。

たとえば、大ケガになるところを、小ケガですませる、あるいは無傷で乗り越えていくことはできないであろうか？

答を先に述べるなら、信念が強い場合は不可能ではないのである。しかし、この問いに対する満足な説明は、いままで述べてきた知識ではまだ不充分なので、この問題は三章以下にまわし、再び願望達成の一般論を進めていきたいと思う。

●願望の大小によって変わる想念法

大きい願望でもかなえられるが、そのためには長い時間が必要となる。まえに述べたシュリーマンの場合は願望達成に四〇年かかっている。ドゴールも少年時代に決意してからフランスの大統領になり、そしてフランスを救うまでに五〇年以上かかっている。

しかし、一般の人びとの多くの願望は、願望達成法をマスターすれば早く達成しうるものである。

たとえば、「就職したい」「自動車が欲しい」「百万円が必要」「よい恋人にめぐりあいたい」という種類の願望はわりに早く達成できる。

では、自分の実力から著しくかけ離れていない、たとえば「希望するポストに就職したい」という場合はどうか？

見えざる真理と本書で述べる願望達成法をある程度理解し、熱心に求めるが、信念がまだ充分でなく、しかも、朝一回一分間、夜一回一分間しか想念する時間がない、という条件の悪い場合を考えてみよう。

その場合、想念法がまちがっていなければ、希望する条件の就職にありつくには、半年間ないし三年間の時間が必要というのが、私の体験からきた実感である（もし条件の比較的悪い職でもよいならもっと早いが）。

半年間ないし三年間と書いたのは、「信念がまだ充分でない」といって、人によって信念の強さが異なるし、また、希望する職の内容、本人の実力など、さまざまなものが人によって異なるからである。そこで、それぐらいの期間はまだ満足できない職場でがまんして、必ずやがて訪れてくるチャンスを想念し続けながら待つことが必要になる。

単に「就職したい」あるいは「自動車が欲しい」というような願望なら、もっと早く達成できるが、現実にはどのように想念すべきか？

その方法は、前に述べたものとかなり似ている。ただ、前回の説明は個人の潜在意識に働きかけるものであったが、**この場合は個人の潜在意識のなお下にある共通の潜在意識に働きかける、つまりより深いところへ刻みこむのであるから、それだけ強く想念しなければならない。また、一日一分間でもよいから、毎日続けることが肝腎である。**

なぜ毎日繰り返さなければいけないのか？　私たちはいままで「そんなことは無理だ、むずかしい」と教えられてきた。それが潜在意識のなかに強くしみこんでいる。それを打ち消して潜在意識を変え、「必ずできる」（少なくとも「可能である」）ことを潜在意識のなかにうえこむには、ある程度の時間と努力が必要である。

しかも現在なお、「現実を見よ、現実はきびしい」「きびしい現実のなかに、そんなことができるはずがない！」という考えが毎日のように、常に私たちの心の中に浸透してきている。**そういうネガティヴなものを毎日打ち消し、かわりにポジティヴな想念を潜在意識に植えつけなければならない。**

「だけどできるのだ！」「なぜなら潜在意識にしっかり自分の希望を植えつければ、見えざる真理、つまり共通の潜在意識によって自分の願望が達成されるように、周辺が回転し始めるのだ」「きっとやる」そして「できる」という想念（情熱）を維持すれば、自分の願望達成のための周辺のあらゆることがととのい、ついに自分の願望が達成されるのである。

「必ずうまくいく」「いま、たとえ困難にみえても必ずできる」というポジティヴな想念を毎日毎日植えつけるのである。

●大きな願望でも必ずかなえられる

さて、就職や自動車を得ることなどはやさしいが、もっともっと大きな願望を達成するためにはどうすればよいであろうか？　たとえば、**貧乏人が大金持になるには一〇年以上かかるものと考えるほうがよいだろう。**

貧乏――→まず生活維持可能な状態へ――→人並み――→金持――→大金持という順序で願望が達成されていくだろう。

ここで重要なことは、一歩ずつ、少しずつ、確実によくなっていくことである。ときには急によくなることもあるだろう。しかし、一般には少しずつよくなっていくと考えるのが賢明である。

『法華経』の第七章（第七品）に「化城諭品」というのがある。「まぼろしの城によるたとえ」である。その話の大要は次のようなものである。

貴重な宝を求めるために、非常に長くけわしい、困苦にみちた道をすすむ一団があった。途中に恐ろしい場所がときどき現れてくる。そしてこの一行のなかに超能力の導師がいて、皆を導いていた。この導師が一行をつれて、困難な道を通りぬけようとするが、人びとは途中で弱気をおこして導師に訴えた。

「すっかり疲れてしまった。先はまだ遠いし、恐ろしくてこれ以上進みたくない。いま来た道をひき返したい」

これをきいた導師は、方便の力をもって、少し先の見えるところに、まぼろしの大きな都城をつくりだしてみせた。そして一同に向かい、「眼前に大きな城が見えるではないか？　あの大きな城のなかに入って休むがよい。そのなかには宝物もある」といいきかせた。

疲れきっていた一同はそれをきいてたいへん喜び、「こんなうれしいことはない。ようやく楽になれる」といい、皆元気がでて、その城にたどりつくことができた。

さて、その城で皆が休み、すっかり元気が回復したのをみた導師は、そのまぼろしの城を消してしまい、一同に向かって述べた。

「いままでここにあった城は実は私が仮に造ったものだ。ここで一休みして、元気をとりもどすために臨時に造ったのだ。宝のある場所はすぐ向こうにある。さあ、がんばってまた進もう」

こうして導師はついに一同を目的地まで導くことができたのである。

この話は見えざる真理（人生の真理）について、ひとつの重要なことを教えている。**私たちの求める目標が大きな場合、それでも前進する姿勢を維持している人びとにたいしては、必ず過渡期の助けが来るということである。**熱心に仕事にとりくんできた人なら、数多く体験している例であるが、次にひとつの有名な話を記しておこう。

●障害物は必ず除去される

勝海舟は若いとき、日本一の剣術の先生について猛訓練をし、剣道ではかなう者がないほどに上達していた。それで剣道を指南するなら充分の収入を得ることができた。しかし、ある日彼は方向転換を決意する。西洋の技術を吸収しなければ将来の日本を救えないと悟り、オランダ語の勉強を始めた。というのは、当時利用できる書物はオランダの書物のみであり、オランダの技術書を読むためには語学の習得が必要不可欠であった。

ところが、当時はオランダ語を勉強していると、「西洋クサい」といわれ、そのため、海舟のところにきて剣道をならう者がめっきり減ってしまった。当然生活も苦しくなってくる。

その頃のオランダ語の学習は、今日では想像できないほど苦渋にみちたものであった。ようやくある先生の好意で蘭和辞典を借りたが、それは市販されていないので、一年かかって写したのである。

このような有様であるから、オランダ語の学習にかなり時間がかかり、技術書を読んで実用化するまでの生活費のメドは全くつかない状態であった。

ところがある日、「奇跡」ともいえるようなことが起きた。ある富豪が、熱心にオランダ語を学習している勝海舟のことをきき、彼のもとを訪れて、二百両の金をおいてくれたのである（今日でいえば、二千万円の金になるだろうか）。その富豪がいうには、

「今後の日本は西洋の学問を必要としている。君が多くのオランダ語の本を読んでいるうちに、良書と思った本の大要をときどき書いて送ってくれ」

そのおかげで海舟は過渡期の生活をしのいでいくことができたのであるが、これは偶然と考えるべきであろうか？　まじめに必死に奮闘する人びとに、必ずといってもよいほど、この種の奇跡が起こることは、実に多くの人びとが体験しているのである。

しかし、心の片隅のどこかでダメだ、無理だと考えている人にはこのようなチャンスは訪れてこない。これは確実にいえる。

「神は自ら助くる者を助く」という諺がある。これは普遍的な真理である。「神」という言葉をきらう人は、「そのような援助が現れるのは見えざる真理による」と理解すればよいだろう。

山を登っている途中に山の頂は見えない。それとおなじように、前途がはっきりしているから進むのではなく、とにかく積極的に進めば必ず道がひらけてくるのであり、必ずそのうち頂上が見えてくるのである。

もっと正確にいうなら、積極的な心で進んでいけば、ひとつひとつ障害が除去され、一段階進むごとに適当な援助をうけて、ついに大きな目標に到達できるのである。

「眠りながらでも成功できる！」の原理

●眠る直前の想念が鍵になる

ジョセフ・マーフィの『眠りながら成功する』という著書がある。だが、多くの読者は疑うだろう。「本当だろうか？」と。

しかし、もしその原理をよく理解し、希望をもってその通りに行なえば、「眠りながら成功する」ことはウソではない。

もっと正確にいうなら、「眠りながら、問題をひとつひとつ解決していく」と書くべきであろうか。

しかし本当にそんな虫のよい話があるだろうか？

その原理はこうである。昼間活動している間は、表層意識がさかんに活動しているから、潜在意識に私たちの願望を多く刻みつけることはむずかしい。だが、寝ている間は表層意識が全く沈黙しており、潜在意識（個人の潜在意識も共通の潜在意識も両方とも）のみがさかんに活動している。

そこで寝る直前に、潜在意識に自分の願望をうえつけておくのである。

そうすれば、眠っている間に、その方向にそって潜在意識が活動していく。こうして自分の願いが毎日少しずつ少しずつ、達成へ向かって動いていくことになる。

私たちは気づいていないが、寝る直前にどう思うか、ということがたいへん重要なわけである。

貧乏な人は無意識的に「僕には金運がない」「いやな生活だ」と思いながら寝ていることが多い。そうすると、貧乏運が繰り返されるのである。

反対に、ものごとがうまくいっている幸せな人は、寝る直前に、無意識的に「うまくいく」「幸せだ」と思いながら寝るために、宇宙の心（共通の潜在意識）に幸せな種をまいて、幸運が繰り返されていくのである。

では、いま困窮している人、いま苦しんでいる人はどうすればよいのか？

「今は苦しくとも必ず好転する」「自分は見えざる真理を次第に理解しつつあり、新しいよい種を宇宙の心にまいている。そのために必ずよい成果を期待できる」「いまは貧乏でも、やがて金持になる」「いまはまだ病気でも、必ず健康になる」など、積極的に想念するのである。静かに、だが力強く考えながら寝るのがよい。

それを繰り返していけば、自分の運勢が次第に好転していくことに気づき、驚くであろう。

眠る直前の想念がいかに有効であるかは、次の一例からもわかるであろう。

普段毎朝七時に起きている人が、「明日は遠足があるので、五時に起きなければいけない」と無意識的に考えながら寝ると、多くの人は翌朝五時頃に目がさめることに、自分ながら驚くのである。

●眠りがすべてを解決する

トラインの言葉を引用してみよう。

「睡眠は肉体の休養とその新陳代謝に必要なものである。だが、魂はなんらの休養を

も要しない。肉体が睡眠によって休息状態にある間に、霊魂の生命は肉体がめざめて活発に働いているときとおなじように、活気凛々として活動しているのである」

そこで眠るまえに、それもできるだけ寝る直前に、自分の願望を宇宙の心にうえつけるのである。祈りによってでもよく、瞑想でもよく、単に想うだけでもよい。見えざる真理についての理解が高まると、単に漠然と宇宙の心にうえこむだけでなく、寝るまえに想念することによって、確信をもって自分の希望が早く達成できると思うようになる。

トラインの文章を引用すれば、

「私たちが法則を理解する程度にしたがって、私たちは睡眠中に自己の欲するところに魂を遂行せしめ、その得たところのすべての経験を覚醒意識に持ちきたすことができるようになる」

「私たちの魂は眠っている間にも、たいていの人びとが見逃しているところの光と、教えと、そして魂の発達の過程として価値多きものを、完全に正常な自然な状態において得る力をもっているのである」

さらにトラインは次のようにまでいっているのである。

「私は覚醒中自分の希望する方向に沿って多くの研究成果を挙げうるとおなじように、睡眠中に多くの仕事をなしうる人たちを知っているのである」「めざめている間にどうしても解決のつかなかった問題が、眠っている間に解決の答が浮かんできたという実例を私たちは稀ならず経験しているのである」

睡眠時間は人生の三分の一ほどを占めている。この時間を有効に利用することが願望達成のためのひとつのコツである。眠るまえに希望していることを一心に念じているのである。

ただし、そのまえに心を落ち着かせてから念じるべきである。昼間の想念でもそうであるが、不安、動揺、あるいは怒りがあると、自分の想念（願望）は宇宙の心にとどかないからである。

横になり、あることを期待して、念じながら眠ってしまうのもかなり有効である。必ずしもきちんとすわる必要はないし、祈りという固苦しい形をとらなくともよいのである。宇宙の心に刻みこむのに、つまり願望達成に有効な方法はいくらでも利用すべきだろう。

●願望達成の磁石をつくれ

私の話をきいたある友人が次のように質問した。

「あなたのいっていることは一種の催眠術ですか？」

そこで答えた。

「私の話のうち、個人の潜在意識に関係する部分は催眠術によって治せる。たとえば、牛乳を飲んで下痢をするというアレルギー、多くの慢性病、また、吃音、あるいは悪いクセというのは、いわゆる催眠術によってなおるものだ。しかし、人から催眠術をかけられるよりは、自分でたえず催眠術をかけるほうがよいではないか。なぜなら、後者ならいつでもできるし、はるかに作用する時間が長く、したがってより大きな効果を期待できる」

「ではあなたのいっていることはすべて催眠術の問題か？」ときくので、次のように答えた。

「たとえば、助ける人が現れる。求めている金が入ってくる。あるいは試験に合格する。さらに運勢が好転する、ということは、催眠術で実現できると思うか？　すなわち、共通の潜在意識に関連するものは単なる催眠術では無理だよ」

その原理は、自分の願望を潜在意識に深く刻みこむことによって、望んでいることが現実化してくることに他ならない。宇宙にはそのような原理があるのだ。小さな願望ならば、ある程度正しく刻みこめば、すぐ実現する。しかし、大きな願望ならば、繰り返し繰り返し、長い時間をかけて想念を続けて、ようやく実現するのである。

自分の心と宇宙の心の間に、願望の磁石ができるまで努力するのである。

そしていったん願望の磁石が形成されれば、その願望を達成させるために、あらゆるものを吸いつけるようになる。援助する人が現れ、必要な物が集まり、必要な資金が供給され、チャンスがおとずれるのである。

こうして外部の人には奇跡にみえるが、その願望は必ず達成されるのである。奇跡にみえても、見えざる真理からみれば、必ずそうなるのであるから、それは必然だといえよう。

3章

全智・全能の実相の真実

願望を達成させる原動力

●苦しみがあなたを成長させる

イギリスの有名な詩人オスカー・ワイルドは「**悲哀のなかに聖地がある**」と述べている。

悲しみの人生体験は私たちに多くの教訓をあたえてくれる。悲しみによって人生の奥深いところがわかるし、同情心と愛の重要なことがしみじみと感じとられてくる。悲しみによってえられる貴重な体験は、明日の成功へ向かって尊い原動力となるものだ。

苦しみによってさまざまな教訓が得られるが、成功へのステップとして見るとき、とくに自分の能力が磨かれるということがある。

人間は苦しみがないとだらけてくる。ところが苦しみのなかに投げこまれると、苦しみを克服するために、一生懸命になってもがく。このもがきによって人間がきたえられ、この過程においてはじめて、すばらしい能力がつくられていくのである。

そしてこのような中に次第に「生きがい」が感じられるようになり、生きがいの実感にともなって真の幸福が訪れてくるものである。

ひとつの例であるが、子どもが単にオモチャをあたえられるよりも、プラモデルから苦労してなにかつくりあげたときのほうが喜びが大きく、本人のためにもなる。また、汗を流した後の休みは楽しいものであり、労働した後の食事はとくにおいしく感じられる。

他の例をとってみるなら、おなじ一千万円のお金でも、単に親からあたえられたのと、自分で苦労してもうけた場合を比較すると、それが手に入ったときの感じは全く異なるものである。どちらがお金のありがたさが身にしみるかはいうまでもないだろう。

さらに別の角度から考えてみよう。碁や将棋をやる場合、同等の人あるいは自分より下手な人とばかりやっていたのでは、あまり進歩しない。自分より若干強い人にたたかれて、はじめて、進歩するものである。

苦しみは実は自己を推進する原動力である。苦しみがあってはじめて人間は進歩する。苦しみに耐えられないで堕落していく人もいるので、本人の心の持ち方が重要ではあるが、少なくとも苦しみを味わわなければ人生はわからないし、進歩も期待できない。

●失敗や転落は大きなバネになる

見えざる真理をある程度理解するのは、説明をきくことによって、あるいは本を読むことでできるが、深く充分に会得するためには、実はある程度人生で苦しみを味わわなければならない。

だから本書に述べていることをどこまで理解できるかは、実は単なる知識やハウ・ツーの問題ではなく、その人の人生体験、とくに苦しみの体験とある程度関係してくるものである。

聖書のルカ伝に、「幸いなるかな貧しき者よ、神の国は汝のものなり」という有名な文句がある。

宗教心のある人なら、「神の国」という言葉で通用するが、宗教心のうすい人はこれを「見えざる真理による幸せ」とおきかえてもいい。見えざる真理はたんなる知識の問題ではなく、どちらかといえばむしろ「悟る」ことである。

そして失敗や転落は実は成長、発展のための好機であり、失敗や転落になげくのではなく、むしろそのような苦しみ、経験があるからこそ、成功するのであり、また、悟ることができるのである。

「はげしく苦しむほど魂は進歩する」とどこかで読んだことがあるが、真理の一面を物語っている。ある程度苦しんではじめて、本書に述べた「大宇宙霊」（実相）というものに気づいてくるのである。

そしてそのことをよく理解してこそ、真の願望達成が可能になってくるのである。「宇宙の心」とか、単純な意味の「見えざる真理」は、二章の説明である程度はわかってくる。それによってある程度の願望の達成も可能になるだろう。

しかし、正直のところ、そのような「知識としての理解」という段階では、「願望の達成はまだ限定された範囲」においてしかできない。

「大宇宙霊」（実相）の存在に気づいてこそ、安心立命ができるようになり、自分の願望が必ず達成できるということが、潜在意識の奥深いところに浸透し、そのときはじめて思いきった行動をとることができるようになる。

そして広範囲の願望達成が、また、大きな願望の成就ができるようになるのである。

まずこの節では、**失敗しても恐れることはないし、苦しみを体験するのが重要であることを理解しておこう。そして強く生きていく積極さをもつことが大切だ。**

科学の遠く及ばないところにある実相

●実相とは「光り輝く、苦悩のない世界」

私たちは科学的なものの見方になれていて、科学的な見方は「絶対正しい」と思っている。しかし、科学は真理の一面のみを見ているのであり、実相は科学の遠く及ばないところにある。

「実相」は元来大乗仏教からきた言葉であり、「光り輝く、苦悩のない世界」を意味し、「神」にきわめて近いものである。

仏教では、ものの見方に五種類があると見なしているが、その五種類を語ることによって、科学と実相の間の差が大であることを間接的に知ってもらうことにしよう。

仏教によるものの見方の**第一**が**「肉眼」**である。「肉眼」というのは凡人のものの見方を表現している。凡人は形にあらわれたものしか理解しないために、しばしばまちがって見たり、不十分な見方をする。油を水とまちがえることもある。**第二のものの見方として「天眼」がある。**これは分析的、理論的な眼、いわゆる科学的なものの見方である。

たとえば、水は水素と酸素の化合物であることを私たちは知っている。また、夜空でもっとも輝く金星、火星、木星は肉眼で見れば、左右にうごめく惑星（惑う星）であるが、あんなふうに一見無秩序に見えても、実はちゃんと太陽を中心にして、太陽のまわりを規則正しくまわっていることを知っている。

では科学ですべてのことを説明できるかというと、必ずしもそうではない。近代科学文明が最近行きづまってきた最大の要因は、科学万能、物質中心という考えによるものである。

人間は合理的な一面をもつと同時に、非合理的な存在であり、現代科学で人間を完全に説明できるものではない。

そこで仏教では、**第三の見方として、「慧眼」をおいている。**これは哲学的な見方である。例えば、仏教でよく使う、「諸法無我」を科学者は理解できない。

これは万物すべてが互いに深く相互関連し、人間についていえば、ある意味において、独立した自分（自我）がないといえるほど、多くのもの、ならびに多くの人と深く相互関連している、という意味である。

次に、**第四の見方に「法眼」がある。**これは芸術の眼でとらえる自然観、あるいは人生観である。

普通の人には、木はたんに木として見え、川の水は川の水としか見えないが、芸術家や詩人は、木の姿あるいは枝のそよぎ、また、流れのせせらぎに自然の神秘を感じとり、それを表現しようとする。彼らは凡人や科学者のわからない真実を見いだすことができるのである。

これについで、**第五にくるのが「仏眼」であり、これは最高のものの見方である。**「仏眼」とは、すべてのものの実相を見通すことができ、しかもその上に慈愛の心をもってそれを見るのである。

少し大げさにいえば、天眼、慧眼、法眼をかねそなえながら、その奥底に慈愛の心を内含している、宗教的なものの見方である。

仏眼までいかなくとも、そのまえの法眼というものは単なる知識の問題ではなく、また単なるテクニックの問題でもないことは、たやすく推察できるだろう。芸術的、詩的なものがなければ、法眼が働かないのである。

それとおなじように、本書の冒頭に述べた**「大宇宙霊」（実相）というものも、単なる知識では本当にわかるものではなく、それを知るには「実相」を知る「実相覚」が必要なのである。**

ちょうど、見て「美しい」というのは知識の問題ではなく、美的感覚であるのとおなじように。

●実相の力が働いたとき奇跡が起きる

目標へ向かってたえず心が燃え、熱心に努力を続けるならば、また、失敗しても挑戦を続けるならば、ある時点で全知・全能の実相の力が働き、奇跡がおき、願望が達成されるのである。

「全知」とは何か？　実相はあなたのことをよく知っており、かつ、全世界のことを知っているのである。「そんなことがありうるのか？」と不思議に思うであろうが、これは「体験によって知る」より外はないのである。

すべてのことを知っているから、実相は「どうすればあなたを助けることができるか？」を知っているのである。

かつ、実相は「全能」であるために、その全知にもとづいて、あなたの願望を達成させることができるのである。

たとえば、実相はあなたを助ける人がどこにいるかを知っており、その人に会わせて、あなたの願望を達成させるのである。

だからこそ、奇跡が起きるのである。

条件が充たされたら、実相の力が働いて、奇跡が起きる。

たとえば、会社が潰れそうになったとき、あくまで頑張るなら、ついに実相の力が働き、助け人が出現して、必要な資金が供給されることがある。

次に、新しい商品の開発、あるいは自然科学の研究において、さんざん努力したが、いき詰まって苦悩しているとき、突然実相の力により、閃きが起きることがある。

このような場合、稲盛和夫は、**「宇宙霊がチエの宝庫から、必要なチエを授けて下さった。」**と解説している。（サンマーク出版『生き方』より）

実相からの支援のなかで、最も単純な例の一つは、入学試験か学期試験の前夜に学んだものが、出題されて、合格できた例である。少なくない人がこの体験をしているであろう。

また、就職についても、よく不可思議なことが起きるのである。さんざんもがいて、うまくいかなかったのに、あるとき、突然ある人が出現して導いて下さり、突然彼を一流企業に紹介し入社させた、ということも現実にあったのである。

●京セラ・稲盛和夫の奇跡

実相が働いて奇跡が起きた一例として、稲盛和夫が京セラを発足させることになった経過を述べてみたいと思う。

稲盛は一九五五年に鹿児島の大学を卒業し、関西へ出て就職試験を受けたが、多くの試験に失敗した。そのため、京都にある小さなセラミックの会社に就職した。

仕方がないから、ここで頑張ると決めて、稲盛は弱電用セラミックの研究・製造にある程度の成果をあげた。

だが、それから四年目、日立製作所がオール・セラミックの真空管の開発を依頼してきたとき、彼は上司から次のように言われた。

「君の頭では無理だ。外から技術者を導入する」

こういわれた稲盛は怒って、辞表を提出したが、その後に奇跡が起きた。上司の青山政次（五六歳）が二七歳の稲盛に、「会社を起こせ。僕が資金その他で応援する」

と申し出たのである。

青山はさらに友人の西枝一江と交川有にそのための協力を求めたところ、西枝は青山に向かって、

「君は気が狂ったのか？　五六歳の君が二七歳の稲盛を全面的に応援するのか？」

と不満をいったが、結局三人の先輩が協力して、稲盛の新会社の設立を応援したのである。

こうして新しくスタートした会社は「京都セラミック」と名づけられたが、その後の京セラの発展は、多くの人が知っている。

●松下幸之助の奇跡の体験

実相による奇跡はいたる所に起きているが、有名人の歴史に残る一例を記しておこう。

昭和時代に「経営の神様」といわれた松下幸之助は、若いときから冒険の精神に富み、二二歳の時会社を辞め、新しいソケットの開発に乗りだした。

当時の友人二人が協力してくれた。

数か月の苦労の後、新しいソケットの開発に成功したが、彼らの店が知られていなかったために、ソケットは全く売れなかった。

そして、二人の友人は離れていった。残った松下は経営どころか、生活難におちいった。

ところが、そこへ奇跡が起きたのである。ある電気会社が松下の所へ扇風機の部品千個を注文したのである。

おかげで松下は生活が一段落し、電器（開発）事業も継続できたのである。この奇跡は以後の松下幸之助に大いなる自信をあたえた。

●金大中の奇跡

このように実相はあくまで戦う人の願望を達成させるが、一方において、社会（国家あるいは世界）にとって、重要なる人物の生命を奇跡的に守るという力を所有しているのである。

その一例として、次に金大中の例を挙げよう。

彼がまだ若かった頃、一九六七年の大統領選挙の投票日の直前に、彼が乗っていた乗用車にトラックが衝突したが、不思議に彼は傷をうけるのみにとどまり、命拾いしたのである。

次に、一九七三年、彼が東京のホテルにいたとき、拉致されて、殺害される直前にアメリカの情報局がこれを察知し、アメリカ政府から「殺すな」という要請が伝えられ、わずかの差で生き延びた。

また、一九八〇年の光州事件では、無実の罪で死刑を宣告され、もう助からないかと一時思われたが、のちに釈放されている。

金大中は一九九七年末の選挙で大統領に当選し、その在職期間にいくつかの重要な改革をなし、韓国を危機から救い、発展に導いたのである。

積極的な心が成功への道

●「真剣さ」に勝る「信念」の力

ただ真剣であるということだけでも、「至誠が天に通じる」という諺があるように、うまくいくことがある。

もちろん、「真剣であり、かつ努力する」だけでうまくいくとは限らない。多くの場合なかなか順調にいかないものだ。だが、**真剣であれば、宇宙の心にこだまして、多少時間がかかっても、やがて「よりよい方法」が自然に提案されるようになる。**

そして次に、「信念をもつことが重要だ」ということを知る日がくる。そうなればようやく願望の達成が早くなってくる。

信念をもつためには「実相の世界」に気づくことである。「実相の世界」を知識として知るだけでも効果があるが、心の奥底から信じるようになれば、その効果が絶大になってくるのである。

より有効に宇宙の心に刻みこむ方法は五章に述べるが、単に宇宙の心に刻みこむだけでは効果が限られている。実相の世界を悟ってはじめて、効果が次第に大になってくるものである。このための方法も五章に述べる。

実相の世界に関してもうひとつ重要なことをつけ加えておこう。

大宇宙霊（実相）は「個性の顕現を善とする」ということである。

高度な宗教は常に平等を説いている。しかし仏教、とくに法華経では、本質的に人間は平等であるにもかかわらず、おのおの個性は異なっており、その違った特有の個性を伸長させ、開花させることが人生で最も大切なことのひとつであると教えているのである。

よくきく話であるが、「自分には才能がない」「自分の能力は限られている」あるいは「自分は学校の成績が悪いから」と多くの人はいう。しかし、神は一人一人の人間に特有の才能を授けているのである。

たとえば、二〇世紀最大の政治家の一人であるチャーチルは、文学などの才能があり、政治の世界で成功したが、数学が苦手で数式を見るのが大きらいであった。数学なんかできなくたって、いくらでも偉くなれる。「数学ができなければどうにもしようがない」というのは、見識の浅い教師のいうことであり、またそれをとりかこむ浅はかな人びとがいうことだ。そんな発言や思考にかまっている必要はない。

また、一九世紀最大の科学者の一人であるチャールズ・ダーウィンは、小学生時代に昆虫集めと切手集めに熱中して、落第している。いまでいえば落ちこぼれである。落ちこぼれだって世界一になれるのだ。いや、落ちこぼれであったからこそ、世界一になれたのである。

だから学校の成績の良し悪しにかかわらず、数学が得意であるか下手であるかにかかわらず、あるいは今どのような地位にあっても、一人一人が各自特有の能力や才能をもっているのである。その能力を伸長させることをまず自覚しなければならない。

それを知ったとき、はじめて「前進しよう」という勇気がでてくるものである。

さて、大宇宙霊（実相）からは無限の能力、無限の富をひきだすことができるが、**自己特有の個性や能力に合致した道を選んだとき、大宇宙霊の偉大な力が最も燦然と輝くことができるのである。**

自己の個性にあわない道を選んだときでも、大宇宙霊からある程度の富やいいものをひきだすことができるが、しかし、前者と比べれば限定されることになるのである。

しかし、自分の個性はまだわからないという人がいるにちがいない。その場合、私は次のようにいいたい。

「ただ真剣に決心し、前進したまえ。そうすれば、それが宇宙の心や大宇宙霊にこだまして、やがて自分の個性にあった道へ自然に導かれていくのである」

とにかく以前の消極的な態度を捨て、できるだけ積極的に前進を始めることがなによりも重要である。

●目には見えなくとも運命は好転している

ここまで読んできた読者は、少しずつ見えざる真理がわかってきただろうか？　そして積極的に進む勇気がわいてきただろうか？

だが、それでもなお、過去の失敗や、自分の過去が、あるいは過去の不運によってつくりだされた自分の現在の地位が気になる人がまだいるかもしれない。また、「前途に見通しがつかないから……」とつぶやく人もいるかもしれない。

だが、もはや過去がどんなに悪くても再び考えるべきではない。仕事はもちろんのこと、過去の大病等で苦しんだことも気にすべきではない。

いま、自分は新しい原理を悟り、新しく踏みだすのだ――希望をもって新しい人生へ向かって。また、前途がはっきりしないからと、たじろぐな。

山を登っている最中に山の頂は見えないが、登っているうちにやがて頂（目標）が見えるのである。歩き始める以前に前途が見えてくることはありえないのだ。まじめに進んでいるうちに、おのずから前途が次第に明確になってくるものである。

過去に悔い、未来にたじろぐ人のために、トラインのすばらしい詩を記しておこう。

「毎日が新しき始まりである
毎朝毎朝、世界は新しく創られる
悲しみと罪の重荷に打ちひしがれたあなたよ
此処にあなたにとっての美しき希望がある」

「古き悲しみと過去の罪のけがれと、及び未知の未来に予想される苦しみとをはらいのけ、〝今日〟を勇気をもってたち上がり、再び始めようではないか」

原理をいくらか知れば、次に毎日決心し、毎日努力を続けることだ——目標へ向かって。**毎日毎日想念し（決心し）、毎日毎日ゴールへ向かっての仕事を、少しでもよいから続けるのだ。**

そしてもう一度いうが、「大宇宙霊」（実相の世界）との接触をおこたってはならない。多くのよきものが流れ入るようにしなければならないからである。たえず接触するとは、無限の能力、無限の供給がたえず流れ入るように通路をつくっておくためである。

しかし、原理を知っても、努力を始めても、すぐによくなるとは限らない。また、大宇宙霊の力をよんでも（宗教的にいうなら「お祈りしても」）すぐによくなるとは限らない。

なぜなら、過去長い間に、自分の想念がつくりだした結果、また、自分の行為がつくりだした結果が積みかさなって、今日の自分をつくりだしたのであり、自分のさまざまな状態を変えるにはある程度時間がかかる場合が多い。

いま自分は新しい原理を知り、よい方向へ向かってふみだしている。だが、自分の現在の状態を変えるのに若干の時間が必要なことが少なくない。

それで「よいことが必ずくる」ことを期待して努力をするとき、事態が変わるまでがまんしなければならないことがときどきある。「一切の災難には幸せへの芽が潜んでいる」と考えるのだ。

もし自分が新しい原理を知り、新しい方向へ向かって努力を始めるなら、多くの場合まもなく「少しずつ好転し始めている」と感じとるようになるが、「はっきり変化し始めた」と感じとるときまで待たなければならない。

さらに変化し始めても、変化が一段落して、自分の願望がかなえられるまで、努力を続けながら待たなければならないのである。すなわち、がまんしなければならないのである。

そのときまでがまんできるかどうか、それが成功か否かをきめるひとつのキーとなるのだ。

がまんというと苦しくきこえてくる。実は「きつい、きつい」と思っていたらダメであり、むしろ**「よくなりつつある。一時的な苦しさを気にしない」**という心がまえが大切。さらに**「苦しさを楽しもう」**という心境になればすばらしいものだ。

また、もうひとつ、次の注意も必要だろう。一時期かえって悪化することがときどきあるものである。せっかく決意して進み始めたのに、次から次へと苦難が生じて、なかなか思い通りにいかない。あたかも自分の決意を嘲笑するかのように。それで多くの人はサジを投げてしまう。

しかし、およそ人生において少しでもよい道を進もうと思うなら、最初の試練にくじけてはならない。そのとき、前に述べた**「一切の災難には幸せへの芽が潜んでいる」**というマーフィの言葉を思いだして、元気をだそう。

新約聖書の言葉で語るなら、「幸いなるかな、今泣く者よ、後笑うことを得ん」である。**通るべき苦難を通過してこそ、真の幸せがあるのだ。**

また、目標達成のためには、最後の苦難も突破しなければならない。最後の苦難とはなにか？　目標がいよいよ近づいたとき、多くの場合、最大の難儀がやってくるものである。**「夜明けの前が一番暗い」のである。**

病気でたとえるなら、高熱を出してから病気がなおる場合がある。しかし、熱が高くなったといってあわてる必要はない。必要以上に動揺すると、せっかく治る病気もなかなかよくならなくなる。

あたかも、いままで長い間努力してきたものが水泡に帰するかのように見えるときがある——とくに完成の一歩手前にそのようなことが多い。しかし、願望成就のコツに慣れてきた人なら、逆に目標が近づいていることを感じ、**「これは最後の苦難だ。いよいよ成功が近いぞ」**と心のなかでさけぶようになるのである。

奇跡は必ず実現する

●必勝の信念があなたを変える

「万事塞翁が馬」という諺が中国から伝わり、日本でよく使われている。念のため物語の要点を述べておこう。

ある青年が馬から落ちて、足の骨を折った。常識的にみれば運が悪いといえるが、それからまもなく戦争が起こり、村の青年たちはすべて兵隊に召集され、ほとんどが戦場で死んでしまった。

しかし、彼は骨折していたため兵隊にならずにすみ、生き残ることができたのである。長い目で見て、はたして吉であるか凶であるか？　実は私たちの常識、つまり視界のせまい理性ではわからない。ところが、一神教では、未来にわたって神がすべてのことを知りつくし、信仰心が厚い人なら万事を神がよい方向へ向けてくれるのである。

全知・全能の神に頼れば、一時悪そうにみえても、むしろ一時的に悪く見えることが起きたために、やがて自分に有利なように事態が展開していくのである。

それは、上からおしつけるのではなく、仏教でいう宇宙の「法」（法則）からも説明できるものである。

したがって、自信をもち、必勝の信念をもつことが大切である。もちろんそれはすぐにはできない。しかし、実相の真実をより多く知れば、「一時不利に見えても、あわてなくてもよい」ことが次第にわかってくるのである。

常識からみればとても実現しそうもないことが、いままでのべてきた見えざる真理を知り、毎日毎日想念を実践していけば、必ず常識の壁が打ち破られ、自分の目標が実現されるときが来るのである。

常識からみて奇跡に見えようとも、見えざる真理の立場からみれば、必ず起こるものであるから、奇跡というよりも必然といえよう。ただ、普通の人からみれば奇跡のように思えるだけである。

たとえば、思いがけない助け人が現れてくる。全く予想もしなかったところから、支援者がきたり、必要な金や必要な物がまわってくるものである。あるいは、さがしていた相手が、偶然電車の隣席にすわっていたではないか、ということを発見したりするのである。

では、どんな方法で自分の願望が実現されるのだろうか？

私たちの理性でおしはかってはダメである。私たちの予想外の方法で、宇宙の心から、あるいは実相の世界から、私たちの願望がかなうようにことが運ばれるのである。

「いつ実現するか？」ということも多くの場合、私たちの理性でおしはかるのは無理である。願望の種類に応じてそれ相応に遅くならないうちに、願望がかなえられるようにものごとが進行していくが、普通その時間を正確に予知することはできない。

「何年何月までにこうあってほしい」ということは、よほど見えざる真理を把握し、想念術をマスターした人でなければ無理である。

ただひとつ、あるときまでに間にあわなければ絶体絶命という場合、不思議にそれがなんとか間にあうことがある。もっともその場合には、信念が非常に強化された、つまり、見えざる真理をいくらか会得した者であるならばのことである。

重要なことが、最後の一日にとにかく間にあったということ、あるいは最後の一時間前に救われたということを、私は何回か体験している。また、一分の差で、あるいは一秒差で間にあうことも少なくないのである。

「前例がないからとてもダメだ」ときめつけてはならない。前例がなくとも、それをなすことが自分にとってぜひ必要であるならば、おそれずに挑むがよい。

この世では「いまだかつて例のないことが、いつもどこかで実現されている」ことを忘れてはならない。前例がなくとも、しなければならないこと、あるいはぜひこうあって欲しいと願うことは達成されうるのである。

また、一時的に苦しくなっても、あるいは苦しみが続くようなことがあっても、もし、いままでのことをよく会得し、正しく想念を続けていけば、必ずすべての難関は突破され、自分の願望は必ずかなえられるのである。

たとえ、時間がずれることがあっても途中でサジを投げることがなければ、必ず目標に到達できるのである。

4章

奇跡を生む「信念の魔術」

絶望から生まれた大いなる飛躍

●成功者に共通する自信と信念

宇宙の心に刻みこむだけでも、ある程度願望の達成がかなえられるが、それはあくまでも、ある程度にしかすぎない。

本格的に多くの願望を成就するためには、積極的な心をもち、また、実相にうまくつながること、できれば実相を悟ることが重要であると前の章に述べた。

積極的に前進するという心をもち、次に実相をも悟り、本書で述べるように実行していけば、まさに鬼に金棒である。

しかし、一部の人びとはまず実相をある程度知ってから、必ずできるという信念が芽ばえてきて、ようやく積極的になるかもしれない。いずれにしても、願望成就のために、そして人生における成功のためには、積極的な心が必要であり、できれば実相を少なくともある程度知るほうがよい。

「できれば」と書いたのは、人によっては、実相についての知識がなくても、自分の心がまえがよく、その人の心の波長が自然に実相とマッチしている場合があるからである。

成功した人を分析してみると、ほとんどの場合、信念もしくは信仰心があることに気づくであろう。

積極的な心をもち、実相の理解からくる信念があれば、たとえ絶望的な条件のなかでも、どんなことでもかなえられることを述べてみたいと思う。

次に述べられていることを読めば、「どんなドタン場に追いこまれても、必ず奇跡的に難関を突破できるのだ」ということがわかってもらえるにちがいない。

●ロバート・シュラー、その父の不屈の記録

『積極的な考え方で成功する』の著作で知られる、有名なロバート・H・シュラーの父親は、六〇歳をすぎたとき、いままで二六年間懸命に農場で働いてきたおかげで、借金もほぼ払い終わり、抵当が解除される寸前まできていた。ところが、ある日突然の不幸によって、その経営している農場が破壊されたのである。

「全部なくなってしまった！　全部だ！　二六年間もかけて得たものが、わずか一〇分で全部なくなってしまったのだ」

ロバート・シュラーが大学の最初の年を終え、アイオワの実家に帰っているときのことだった。ある日の午後、西方の空の高いところで、恐ろしい音がきこえてきた。太陽は嵐にのみこまれ、その嵐が家に近づいてきつつあった。

やがて、突然巨大な黒い塊が暗い空からふくれあがってきた。ロバートの父は家族にさけんだ。

「大竜巻だ！　もてるだけのものをもって、早く車のところへ来い。ここからすぐに

逃げなければならないんだ！」

ぼやぼやしていると、竜巻にすべてがまきこまれてしまう。命がけの逃走である。

ロバートの家族は必死になって車を走らせた。

彼らは行きづまりの道路の先端に住んでおり、南へ向かう道路に出るためには、大竜巻の来る西方に向かって一マイル走らねばならなかった。まさに危機一髪であった。

しかし、彼らはこの脱走に成功した。少し南へ行って車からおり、つむじ風が猛威をふるうのを眺めた。

●どん底からこうしてのしあがった

嵐がすぎた後、静かに雨が降り始める。慰めの雨であるかのように……。

ロバートの一家は車を運転して、元住んでいたところへ戻った。たった三〇分前には、まだ新しくペンキを塗った九つの建物が建っていたのに、もはや何もなくなっている。家の残骸さえ見つからない。すべてが空に吸いあげられ、どこかに運ばれてしまったのである。

ロバートの家はあわれにも、そこから半マイル離れた牧場のなかに、ぐちゃぐちゃの塊となって落ちていた。そのとき、ロバートの父はもはや六〇歳をすぎていた。万事終りであろうか？　はるか向こうにとばされ、ぐちゃぐちゃになったシュラー家の、以前の壁にかけてあった小さな石膏の形板の一部がまだ残っていた。その板には以前、「イエスに期待し続けなさい」と彫ってあったが、「期待し続けなさい」の文字だけが残っていた。彼はそれを大切に車に持ち帰った。

「期待し続けなさい」「なおも期待しなさい！」これこそ神の、ロバートの父への伝言であった。そうだ！　いま去ってはならない。踏みとどまれ。そして最後までがんばれ。彼はそれを信じて再び仕事にとりかかった。

高い所にある力、奇跡を起こす力、山をも動かす信念。それを信じて彼は最後までもちこたえたのである。

そして彼の家はそれから五年以内に見事に再建した。やがて物価が著しく上昇し、そして農作物の収穫がすばらしかったからである。そのため抵当も解除され、かくして、シュラー家は成功したのである。

「鬼神もついに退く」。私たちの前進を阻むものは世の中に存在しないのだ。最後まで ねばる人は必ず祝福される。

ロバート・シュラーは次のように書いている。

「状況がどうしようもないと思われるときでも、希望をもち続けなさい。すべてが不可能と思われるときでも、敗北を受けいれてはならない」

ロバートの祖父は常に聖書のなかの一節である次の言葉を引用していた。

「仕事を始めてから後をふり返るような人は神の国に入れない」。この精神がその息子に、そしてまたその孫であるロバート・シュラーにひきつがれたのであろう。

ナイモラー牧師は次のように述べている。

「あなたは自分で考えているよりも、はるかに多く耐えることができます。もし、あなたの生命に神がすんでおられるとしたら……あなたは自分で思っているより、はる

かに強いはずです」（『積極的な考え方で成功する』より）

●それでも難関が突破された

ロバート・シュラーはアメリカのホープ大学を卒業し、ウエスタン神学大学に入学した。

ところが、卒業が近づいたころ、意欲があると思われていた何人かの友人が、大きな教会で働くことを望んでいるのをみて、あきれてしまった。なぜそんなに安全性にこだわるのだろうか？

ロバートは逆に次のように祈った。「神よ、私にどん底から教会をきずくチャンスをあたえて下さい。偉大な仕事を創造するチャンスを、なにかすばらしいものを後世に残すチャンスをあたえて下さい」

ロバートはまずイリノイ州で牧師の職についたが、四年後、カリフォルニア州オレンジ・カウンティで新しいプロテスタントの教会を始めるように命じられた。

西海岸は彼にとっては未知であった。当時（一九五〇年代）アメリカの改革派教会に属する信徒はわずかに二〇万人のみだった。ところが、彼の赴任地で自分の教派に属する信徒はたった二家族しかないことがわかった。

カトリック、ルッター派、長老派、バプテストなどに属する人びとは皆自分たちの教会にいくのが当然である。しかし、それであきらめるのは早かった。当時アメリカ国民の半数は無宗教であることがわかっており、どの教会にも属していない幾千人の人びとが当地にいた。これがロバートにとっての唯一の可能性である。

彼はまず説教のできる集会場をさがしてみたが、適当な場所はどこにもなかった。しかし、一週間後、ようやくオレンジ・ドライブイン劇場を日曜日に借りることができた——とても教会には適さない場所がやっとのことで。

まもなく「一九五五年三月二十七日、日曜日午前十一時、最初の礼拝をオレンジ・ドライブイン劇場で行ないます」という掲示がはりだされた。友人はびっくりしてロバートにきいた。

「君、まさか本当に新しい教会をドライブイン劇場で始めるのではないだろうね?」

牧師の仲間たちも、「あんなところで礼拝を始めるなんて……気の毒に。どこか空いたホールはないのかねえ」といった。


さすがのロバートも自信を失い、土曜日の夜は、午前三時まで眠れなかった。彼は次の言葉を何回も心のなかでさけんだ。

「神が私に生命をあたえられました。神は私がどこへ行こうとも、私を助けてこられました。だから私は神が私を決してお見捨てにならないことを確信できます」

翌日、ロバートの話をききにくるために、五〇台の自動車が入ってきた。「約一〇〇人も集まってくれた」とロバートはまず一安心。だが、実はこのうち聖歌隊メンバー三〇人がはじめから来ることになっていたから、実は七〇人程度。

それから数か月後、ロバートの宗派の本部から賃金が供給され、教会を建てる土地を買うことができた。彼のサラリーは三〇〇ドルであったが四〇〇〇ドルの建築書にサインした。そして、数か月の間になんとか約四〇〇〇ドルの献金を集めることができたのである。

●人生とは出発することによって事が成る

新しい教会ができたが、ドライブイン劇場における礼拝は廃止しなかった。ロバートは毎日曜日、朝九時半から一〇時半まで新しい教会で礼拝を行ない、その後すぐにドライブイン劇場へ行き、そこで一一時から一二時まで礼拝をした。

しかし、教会用オルガンはひとつしかないので、前者が終わればすぐに、トレーラーでオルガンを次の場所へ移していったのである。

やがて教会に二〇〇人が、ドライブイン劇場にも二〇〇人が集まるようになってきた。そして三年間がすぎさっていった。

そのとき、ロバートはひとつの大きな企画を考えるようになったのである。二つの教会に出席する人びとをいっしょにし、さらに他の人も集める大きな教会をつくることだ。

不動産屋を訪ねてみたら、次のような話があった。
「一〇エーカーのいい土地を六万六千ドルで買える。頭金は一万九千ドルに、残りは毎月四〇〇ドルずつ一五年支払いでよい。いますぐ手付金として一千ドル支払っておけば、この土地を一二〇日間おさえておく権利が生ずる。だが、もし一二〇日以内に残りの一万八千ドルの頭金を支払わなければ、最初の一千ドルはムダになり、返却できなくなる」

これをきいて、ロバートは決心した。「よし、銀行に預金してある一千ドルをはたきだして、まず納入する。残り一万八千ドルを一二〇日内に調達してみよう」

もちろん、一二〇日内に一万八千ドルをかき集める見通しは全然なかった。一一五日経過したとき、ロバートの集めた金は一万五千ドルに達していた。あと五日！　まだ三千ドルが不足していたのである。

最後の日の正午になっても、依然として三千ドル不足、あと四時間であの会社が閉店する。もはや刀おれ矢つきて、もうダメだと思い、ロバートは二千ドルを提供してくれたワレンさんに電話した。

「ワレンさん、あなたが教会の土地を買うために寄付して下さった二千ドルをあなたにお返しします。残念ながら期限までに目標を達成できなかったのです」

ところが、それをきいたワレンさんは、

「いや、私はもっと協力できます。一時間後にノース・メイン・ストリートのアメリカ銀行でお会いしましょう。そこで三千ドルをひきだして、あなたにお渡しできます」

こうしてロバートは、一二〇日の期限の切れるわずか一時間前に、一万八千ドルをその会社の事務所の机の上に置くことができたのである。

人生はロケットとは違う。ロケットは綿密な点検をしてから発射されるが、人生は出発することによって事が成るのである。

●〝できない〟というコンプレックスを捨てろ

しかし、ロバートの前途にまた重大な難関が訪れた。ある日、教会運営の会議で有力なメンバーが五人出ていった。次の日には、理事会の書記が辞任届を提出した。

会計係も辞任していった。副理事から手紙がきて、彼も去っていった。さらに続いて秘書から次のような電話がきた。「すみません。圧力がかかってきて、私はそこで働き続けることができなくなってしまったのです」という。

一体これはどうしたことか？　不成功の前兆ではなかろうか？　ロバートはお祈りして神にきいた。「神よ、教えて下さい。どうすればよいのですか？」。すると「教会を建てるのだ！」という言葉がはっきりきこえてきた。

事態が好転し始めたのは、それから一〇日後のことであった。そして二年後には、千人の人びとがすわれる大きな聖堂と、三千人の車で乗りこむ人びとを収容しうる庭（駐車場）が完成された――外に音声がとどく一〇〇セットのハイファイ・スピーカーも。これは、説教壇上から聖堂の内外の礼拝者たちを同時に見渡せる新しいスタイルの教会であった。

一九六一年一一月五日の日曜日の朝、この新しい教会の、最初の記念すべき日に集まった人びとはどれほどだっただろうか？　聖堂内に一千人以上の人びと、そして外に二千人以上の車で来た人びと、合計で少なくとも四千人は確実に集まっていた。ついにロバートの奇跡が実現されたのである。

ロバートは次のように記している。

「信仰さえあるならば、この山に向かって〝あそこに移れ〟といえば移るであろう。**あなたがたにできないことは何もない」「その最初のステップは〝できない〟というコンプレックスを取り除くことである」**

ロバートが最も好んだ言葉を次に記しておこう。

「（神曰く）あなたがたのうちに良いわざを始められた方がそれを完成して下さる」

「勝者は決して去らず、去るものは決して勝たない」

（『積極的な考え方で成功する』より）

信じられない奇跡にも理由がある

●『奇跡の人』をどう見るか

ヘレン・ケラーの映画『奇跡の人』が公開された時、見に行った。それ以前にヘレン・ケラーの伝記を読んだことがあるが、映画を見て、サリバン先生の苦労は読書で想像したよりもっとたいへんなことがわかったのである。

その映画では、ヘレン・ケラーを教育するサリバン先生の苦闘のほんの一部しか描かれていなかったが、まずそれについて記してみたいと思う。

ヘレン・ケラーは親に甘えて行儀が悪く、食事のときはフォークやスプーンを使わずに、手でとって食べていた。サリバン先生がスプーンをにぎらせようとすると、へレンはスプーンを投げ捨てる。サリバンはスプーンをひろって、また持たせようとする。ヘレンはまた投げ捨てる。しかし、スプーンをとらなければ食べさせない。そこでヘレンは怒ってあばれだす。サリバン先生をさんざん殴る。忍耐と力くらべである。

何十分もたたかうと、ヘレンはあきらめて仕方なくスプーンをしばらく使う。

次の食事のときにまたおなじケンカがおきる。ヘレンはサリバンをたたく。場合によってはサリバンが殴りかえす。ヘレンがあばれて、室内の種々の物がこわされてしまう。

サリバン先生は神に祈り、考えた。親の側にいたのでは親に甘えて対処しにくい。そこで馬車に乗せて、遠くへ行ったまねをして、実は家の近くの小屋にサリバンとケラーが二人で住むことにした。

ヘレンは「家へ帰してくれ」とサリバンをさんざん殴る。サリバンは屈伏しなかった。ヘレンはついにあきらめる。それから仕方なくサリバンのいうことをきいて、スプーンをとって食事をとるようになった。

サリバンはヘレンの手をとって、文字を教えた。cake と四つの文字を教えたら、菓子をあたえた。翌日 card を教えようとして、ca と指を動かすと、ヘレンはケーキをもらえると思って、ケーキをねだった。

さて一週間後にヘレンを家へ戻してみた。せっかくスプーンを使って食べる癖をつけたのに、家へ帰ったら、父母がいるので、また甘えてスプーンを捨て、手で食べる。またサリバン先生との格闘が始まる。

父が見かねて、「せっかく家へ帰ったから、今日はわがままをさせては?」といえば、同席の他の人が猛烈に反対する。せっかく訓練したのが水泡に帰したのだろうか?

わがままで暴力をふるうだけではない。盲・唖・聾の三重苦のために、彼女の認識力はケタ外れに低い。知的教育がまたたいへんだった。ヘレン・ケラーがいつも抱いていた人形を例にとって少し述べよう。ヘレンはある日、人形を土の中に半分うめてみた。植物とおなじように、土の中にうめれば大きくなる、つまり成長すると錯覚したのである。

彼女がいつも抱いていた人形はナンシーという名がついていた。人形はdollとサリバンが教えてある。ある日サリバン先生が大きい人形をあたえて、dollと指をとって書いてみせたら、ナンシーだけがdollと思っていたので、意味がわからなくなり、大きい人形を地にたたきつけた。

このように、ヘレンの認識力は通常の人と大きなギャップがあり、また暴力的でわがままで、いうことをきかない。知的にも遅れ、しつけを教えるにもたいへんなこのような子を教育できるのだろうか？

しかし、サリバン先生はついに異常な忍耐力を発揮して、それをやり、成功させた。なぜそれができたのか？

●愛情という名の信念はすべてを征服する

アニー・サリバンが一〇歳のとき母をなくし、弟ジミーといっしょに監獄のような救貧院に入れられたこと、弟がやがて救貧院で死に、一人ぽっちになってしまったことや、筆舌につくしがたい苦難を体験したことは、多くのヘレン・ケラーの伝記に書かれている——そして彼女が一四歳でやっとパーキンス学院へ入学できたこと（一四歳ではじめて学校へ入ったのだ）も。

しかし、悲しみにうちひしがれたアニー・サリバンはパーキンス学院を首席で卒業した。卒業式のときの代表演説こそ、彼女がどんな人間であったかをよく物語っている。

「正しいことをすれば神が守って下さる」「すすんでこの世の重荷を負い、世の中に役だつよう、あらん限りの力をつくしたい」

この演説は当時のボストンの新聞に掲載された。彼女が苦しみをとおしてついに信仰心にみちた聖女になっていたことが、この演説から読みとれるのである。

このような人であればこそ、卒業してまもなく、ヘレン・ケラーの家庭教師をひきうけることができたのである。

パーキンス学院のアナグノス校長はいった。「あなたのほかに、このような難しい仕事をやれる人はいない。すべては忍耐と愛だ。愛をもってやってごらんなさい。愛のあるところ、神様がきっと助けて下さる」と。

想像を絶するヘレン・ケラーのはげしい暴力に対して、サリバンは、「どうか、ヘレンから愛され、信頼されるようにして下さい。私の心がヘレンの心とつながりますように……」と神に祈った。

人間のまごころはおそろしい。ついにヘレンはサリバンのいうことをきき、熱心に字を学び始めるようになった。そしてサリバンは感じとった。

「この子は才能があり、教育することができる。きっとよい子にしてみせる」

当時サリバンがアナグノス校長に書いた手紙の一節を引用してみよう。

「これほど喜びにみちあふれたことはありません。奇跡が起こったのです。あのわからずやの暴れん坊のヘレンが、おとなしく、やさしい子に変わったのです」

ヘレン・ケラーはサリバン先生の教育をうけて、次第にいろいろなことを知り、世の中のことも理解できるようになった。ある日ヘレンはサリバン先生にきいた。

「先生はなぜ私といっしょにいてくださるのでしょうか？　なぜ私の面倒をみてくだ

さるの?」

「ヘレンを愛しているからですよ」

「先生、愛ってどんなこと?」

どんなにして愛を理解させることができるのだろうか?

でもようやくにして「愛」とはなにか、ヘレンに教えることができた。サリバンはヘレンにいった。

「愛というのは一番大切なものなのです。愛は生命に等しい。愛があれば、あなたの心の目は、大きく、明るく、ひらけてきますよ」

サリバンの愛の心はヘレンの心をゆり動かした。そして、のちにヘレンはアメリカ国内の、さらに世界中の不幸せな人びとを愛の心で助けるために、あらんかぎりの力をつくすようになった。

●愛情は人生をひらく鍵である

一九〇〇年、二〇歳のとき、ヘレン・ケラーはアメリカの名門校である、ハーバード大学文学部の試験にパスし、猛烈な勉強ののち、非常に優秀な成績でハーバード大学を卒業した。サリバンがずっとつきそって勉強を手伝ったのである。

このすばらしい成果に周囲の人びとは驚嘆した。すでにハーバード大学在学中に、婦人雑誌の記者がヘレンを訪ね、彼女の書いた『わが生涯の物語』が雑誌に掲載されている。

絶大な苦労を体験したために、そして勇敢に多くの難関を乗り越えてきたために、ヘレンの文章は美しく、多くの人びとに生きる力をあたえた。そのために彼女の名前は世界中に知れわたり、種々の出版社から原稿を頼まれるようになった。

また、講演も依頼されるようになった（ヘレンは当初唖であったが、それは生まれながらの聾唖者で言葉をきく機会がなかったために話ができなかったのである。しかし、後に苦労して話の仕方をマスターしたのである）。

考えてみてほしい。聾唖者で目の見えない人が東大に合格し、優秀な成績で卒業したら、日本でどんな反響がでるであろうか？

だが、ヘレンにどれほど才能があり、ヘレンがどれほど勇敢であろうとも、彼女ひとりだけでは何もできなかったことは明らかである。なによりもヘレンの目となり、耳となり、彼女のために献身的につくしたサリバン先生のおかげであり、また、理解のあるあたたかい父母のおかげでもあった。

そういう意味において、ヘレンは不幸であるにもかかわらず、やはり恵まれていたともいえる。当時の世のなかの大部分の盲人や聾唖者はろくな教育もうけることができず、そのまま放置されていたのである。

「この人たちのためにつくさなければならない」と思ったヘレンは、大学を卒業して間もなくサリバン先生にいった。

「先生、私はやっと自分がなすべき使命がわかりました。私は社会のすみで苦しみ悲しんでいる、多数の盲人や聾唖者の人びとを助け、彼らをより幸せにしてあげたい」

「私に〝愛〟を教えて下さったのは先生です。先生のあたたかい愛につつまれて、私はやっと他の人をも愛することを知ったのです」

私はもちろんヘレン・ケラーの伝記を書こうとしているのではない。**最悪の条件においても、やる意志さえあれば、人間はすべてのことをなしうる事実**をこの章で強調したいのである。

この章を読んで、なおまだ「けれども自分にはできない」「自分は条件が悪すぎるからダメだ」というであろうか?

この節でもうひとつ強調したいことがある。

〝悪〟は感染するが、〝愛〟もまた感染する。愛は愛を生み、「愛はすべてのことをなしうる」ということである。

「ある意味において愛は凡てであり、一切である。愛は人生をひらく鍵であり、その力は全世界を動かすことができるのである」「まことに私たちが大なる愛をもてばもつほど、私たちは神に近づくのである。なぜなら、神は無限の愛の霊であるからである」（トライン）

●最悪の条件がその人を大きくする

ハーバード大学を卒業してから二年後、一九〇六年、二六歳のとき、ヘレンはマサチューセッツ州の盲人救済事業の委員になった。

彼女はさっそく三つの仕事にとりかかった。第一は、盲人に仕事をあたえることである。第二は盲人が生まれないように予防すること（出産のときの不注意から失明する人もいる）。第三は、盲人の教育をゆきわたらせ、点字をひとつにまとめあげる仕事であった。

この第三点について少しふれておこう。当時のアメリカでは、イギリス式とかアメリカ式とかいって、五通りもの点字が存在していた。これでは盲人が本を読むチャンスがかなり制限されてくるのである。

ヘレンは次のように書いている。「点字が統一されないために困っているのは盲人です。盲人の迷惑もかえりみないで、統一を妨げて、彼らを苦しめているのは目明きなのです」

それから一五年後の一九二一年、ヘレンは他の人びとと協力して、「アメリカ盲人協会」を設立した。この協会はアメリカの盲人のための福祉事業をしっかりしたものにするためにつくられたものである。

ヘレンとサリバン先生、ならびに新たにヘレンの助手となったミス・タムスンは協会の資金を集めるために、全国を講演して歩きまわった。

「皆さん、盲人は何を一番望んでいるでしょうか？　あわれみでしょうか？　慈善でしょうか？　いいえ、彼らはひとりでいろいろなことがやれるようになりたいのです」とヘレンはいたるところで訴えた。そしてヘレンの熱意に動かされて、あらゆる方面から多くの人びとが協力を申し込んできたのである。

たとえば、ヘレンが長い間さけび続けてきた点字の統一も、ついに解決されるようになった。これで盲人は一種類の点字をおぼえればいろいろな本を読むことができるようになったのである。国立の盲人図書館もできた。ヘレンの努力は次つぎに実っていった。

まことに「至誠人を動かす」である。しかもヘレンは、アメリカの障害者に対し大きな貢献をなしただけでなく、二五か国をまわり、盲人のための運動をたゆまなく続けたのである。

日本にも三度にわたってやってきており、そのおかげで日本に「ヘレン・ケラー協会」がつくられた。この協会は、以前からあった盲人協会と合流して、新宿区の西大久保に「ヘレン・ケラー学院」を誕生させ、多くの失明した人びとや障害者に生きていくための助けをしているのである。

ヘレン・ケラーのおかげで世界の盲聾唖教育や厚生施設が飛躍的に発展したといっても過言ではないだろう。ヘレン・ケラーは多くの障害者に生きがいをあたえ、さらにもちろんのこと、最悪の条件の人でもこれほどのことを成し遂げたということで、全世界の人びとを著しく励ましたのである。

●信念なき愛は不幸を生む

なぜ彼女にそれができたのか？　彼女の才能と優れた支援者が重要であることは申すまでもないが、とくにヘレンの熱意に着目したいと思う。

なにが彼女をそのようにさせたか？　なぜ彼女にあのような勇気と行動があったのか？　また、なぜそれだけの自信があったのか？

ヘレン・ケラーは『私の宗教』という本を著している。このことからもわかるが、彼女は強い信仰心に支えられていたのであり、彼女の最大の愛読書は聖書であった。とくにそのなかの「詩篇」を愛読し、なかでもことに詩篇第二三篇を愛していた。ちなみに詩篇第二三篇の一部を記してみよう。

「主は私の魂を生きかえらせ、御名の下に私を正しい道に導かれる」

「たとえ私は死の陰の谷を歩むとも、災を恐れません。あなたが私とともにおられるからです」

「私の生きている限りは、必ず恵みといつくしみとが伴うでしょう。私はとこしえに主の宮に住むでしょう」

なんのために私はここにヘレン・ケラーを書いたのであろうか？　「どんなに条件が悪い人でも、どんなことでもできる」ことを記したかったのはもちろんであるが、次のことにも留意したい。

「実相の力の顕現は愛と信仰（あるいは信念）に比例する」

信仰、あるいは信念なき愛はしばしば人を不幸にする。

たとえば、多くの人が可愛い自分の子を嘆くのは、単なる愛のみではうまくいかないひとつの証拠である。反対に愛なき信仰はどうであろうか？

強い信念があるならば、あるところまでの成果を勝ちとることができるかもしれない。しかし、そのような人びとはやがて自分の人生がいかに乾いて人間味に欠けるかを知るであろう。結局幸せは得られないのである。

しかも、そのような人びとはそのうち「もし愛がともなっていれば、よりよき成果を勝ちとれた」ことを悟るときがくるであろう。

ヘレン・ケラーのことをとりあげた最後に、次のアデイントンとトラインの言葉を記しておくことは有意義だと思う。

「この世界には、あなたが愛の魂をもって、そして純粋なモチーヴをもって求めたと

ころのものであれば、何物といえどもこの世に実現しないものはないのだ」（アディントン）

「私たちがこの〝無限の愛の霊〟なる神と一体であるという自覚に到達したときに、神の愛は私たちを満たして、私たちの生活を豊富にし、より魅力あるものとし、そこからまた全世界の人類の生活を豊かならしめるための愛が流れ出ることになるのである」（トライン）

*5*章

願望達成への実践方法

「具体的に」「真剣に」が基本

●紙に書いて、壁に貼るといい

「有名なマーフィーの本に〝自分の願望を図形化して（願望が達成された光景を具体的に描いて）想念すれば、必ずそれが実現する〟と書いている。しかし、自分はそんなことをしても全く効果がなかった」

と多くの読者が私に質問してくる。そんなとき、私は次のように聞くことにしている。

「あなたはそれを信じて想念したのでしょうか？　もし信念、あるいは信仰心がなければ、それは逆効果ですよ。

なぜなら、あなたは夢が実現したときのことを想念しつつ、同時に本当かな？　そんな虫のよいことがあるのかな？　と思っていなかったでしょうか。現実はきびしいと無意識的に考えていなかったでしょうか？

もしそうなら、実際はあなたは〝それは無理だよ〟と潜在意識に刻みつけたことになるのです。すなわち、あなたは願望を達成しようと思って、逆に〝それはできそうもない〟と潜在意識に刻みつけているわけです」

少しでも信念や自信がでてくれば、図形化して想念する、あるいは瞑想することは、願望の実現を促進する。しかし、まだそれがないならば、それはいま述べた理由によって逆の結果を招いているのである。


それならば、まだ信念のない人はどうすればよいだろうか？

まず「○○が欲しい」と毎日何回か繰り返して、心のなかでさけぶことだ。とにかく「強く求めること」それが宇宙の心にうえつけられていく。一回一分でも三分でもよい。

できれば「それが適当な願望であるかどうか、まず吟味してみるがよい」どうしても「○○が欲しい。そうでなければこまる」と判断したら、毎日何回か心のなかでさけびたまえ。毎日繰り返すのだ。

もっと早く実現したいなら、紙に書くとよい。毎日毎日一回以上、「○○が欲しい」「きっと、○○を手にいれたい」と書くことだ。さらにできればそれを壁に貼るとい い。

できるかどうかまだわからないが、とにかく自分は熱心に求めているのだ、と心にさけべ。とにかく真剣になっていることが宇宙の心と実相にひびいていくのである。

もし祈るならば、まず自分のもっとも納得のいく神の名前を呼んで護りを請うべきである。

「観世音菩薩さま、お守り下さい」でもよいし、「キリストさま、お守り下さい」でもよい。もし特別の宗教を信じるのではないが、大宇宙霊（実相）に気づいているなら、「実相の神よ、お守り下さい」あるいは「宇宙根元の神よ、お守り下さい」と呼んでもよい。なぜなら、合掌することは、霊的アンテナをつくっているのであり、そのためによい霊に感応しやすい状態にあると同時に、好ましくない霊にひっかかる可能性もあるからである。

まず自分の心の納得のいく神のお守りをよび、その次に「○○が手に入るようお願いします」と数回繰り返して、心のなかで述べるのである。

信仰心が少ないうちは祈りの効果も大きくないかもしれない。しかし、まじめになって祈っていることが、ひとつのステップとなるのである。そして繰り返して述べるが、祈りの効果はその人の信念に比例してくるのである。

●願望達成を早める図解瞑想

では願望成就の時間をどのように見積ればよいだろうか？

たとえば、ある新型の自動車が欲しい場合、あるいは百万ないし二百万円の金が欲しい場合を考えてみよう。

もし、その人の経済事情が悪いのなら、かつ、まだ充分な信念がないけれども、いままで述べてきた「見えざる真理」を若干理解しているならば、一年ないし三年を期待するのがよいだろう。

ただし、祈りや想念を少なくとも毎日二分間（朝晩一分間ずつ）まじめに続けることが必要である。一年と三年はだいぶ違うが、右のように書いても、人によって経済事情や信念などがかなり異なるからである。

一日二分間でなく、もっと多く有効に想念するなら実現がより早まるだろう。

では経済事情や条件が悪いけれども、見えざる真理をある程度理解し、すでにある程度の自信がある人ならば、どうであろうか？ この場合は、一日二分間の有効な想念で、二か月ないし一年半を想定しておくのがよいだろう。

次に想念や祈りなどをある期間続け、次第に願望の実現が近づいているという自信、たとえば、その物を買うための貯金が増えつつある、あるいは別の意味において、**目標が次第に近づいているという感じがするならば、今度は普通の瞑想、あるいは図解瞑想も併用して、願望の実現を早めるほうがよいだろう。**

図解瞑想とはなにか？　マーフィーの本をはじめ、多くの本に書かれているもので、○○を入手したときの喜びの有様を図形化して、瞑想するのである。そのとき、それを信じているかどうかが、鋭くひびくものであることを忘れてはならない。もし信じないなら、このような方法を使うべきではない。もし信じるなら、入手したときの歓喜を空想するほうがよい。

そのような空想を砂上の楼閣と呼ぶ人が少なくない。しかし、なにごともまず砂上の楼閣からスタートすることを忘れてはならない。問題はそれを単に夢に終わらせるか、途中で挫折してやはり幻の夢となるか、あるいはそれを実現までもっていくか、ということである。

最後に、繰り返しになるが、重要なことをもうひとつ記しておきたい。

どんなふうにして、○○が入手できるか、その経路を、このようにして、次にこうしてという順序を決めてかかるべきではない、ということである。

なぜなら、それらはたいがい私たちの理性の範囲外のことであり、宇宙の心と実相に任せるべきである。宗教的な表現をするなら、神は私たちの想像もつかない、さまざまな方法を知っているからである。

●就職・昇進はこうしてかなう

繰り返しになるが、**まずできるだけ個性にあう道を選ぶほうがよい。それが将来の大きな発展を約束する。**

次に、目前の問題として、最も重要なのは、**現在の責任を忠実に果しながら、飛躍あるいは発展の想念を強く、毎日、毎日、継続することである。**

現在の職がつまらない、自分にあわないものであっても、一方においては現在の仕事に対して責任を果すべきである。なぜなら、無責任な行為は宇宙の心に悪い種をまくことになり、次の幸運をさまたげるからである。

そしていまは満足できない悪い職にいようとも、あるいは現在職がなくて苦しんでいても、「必ず適当な職につく」ことを強く想念することだ。

トラインの言葉を引用するなら、「現在ブリキの皿で食物を食べているみじめさであろうとも、それは単にやがて銀の皿に到るべき踏石にすぎないと認めよ」「運命が下降をたどりつつあるときにも、静かにおちついて、向上線をたどりつつある自己を心に描いて、執拗にそれを心で凝視することである」

目前が暗いからといって、暗い想念を抱き続けていると、なかなか事情は好転しない。「必ずできる」という想念をつちかい、できるだけ明るい未来を心に描くようつとめることが大切である。

トラインはさらに次のように記している。

「もし逆境にみまわれたならば、静かにおちついてそれをじっとみつめて、真相を知れ。そして後悔や危惧や取越苦労に時間を費すことなく、その代りに自己の内に宿る一層高次の〝有力なる力〟を発揮せしめよ」

単なる想念、瞑想（図形化の瞑想など）、ならびに祈りの三者のうち、いつどれを選ぶかは、「欲しいものを得る方法」をよめば自然に判断のつくことで、ここではむしろ次の点を強調したい。

それは**常識に従うな！**　ということである。「何年してから部長へ」「収入はそんなに多くは増えない」と考えるな。そう考えれば本当にそうなってしまう。

私たちのねらいは、**常識では奇跡にみえることをつくりだし、自分の願望を実現することである。繰り返していうように、その奇跡は必ず実現するものである。**

いままで述べた実践方法により、思いがけない助け人が現れることもあり、他のより条件のよい会社へ転職することができることもあり、あるいは想像外のよいポスト、あるいはよい収入にありつくこともあるのである。

それがどのようにして起こるか、理性的に描いても、多くの場合役には立たない。宇宙の心と自分の心の間に願望の磁石ができるまで、想念を続ければ、あとは自然にそうなるのである。

一例であるが、「英語道」で有名な松本道弘氏ははじめから英語の専門家になろうと志したが、学校を出てのち、関西のある会社に勤め、それは英語とは全然関係のないポストであった。

当時は今日のような英語のカセットやCDという便利なものはなく、英語を勉強する時間もあまりなかった。それで仕方なく通勤電車の時間などを利用して、英語の本をできるだけ多く読むことにしたのである。

「ぜひともやってみせる」と決意すれば、条件がいかに悪いかは問題外である。もうひとつ注意しておこう。焦って東奔西走すべきではない。必要以上に走りまわっても、くたびれ損で、気力を失うばかりである。内部の無限の力にできるだけ目覚めるべきである。また、想念を続けて宇宙の心と実相にしっかり刻みこむのだ。

そうすれば、自然に念願がかなうように導かれるのである。

●よい恋人を獲得する

若いとき、「愛とは奪うことである」という言葉を何度も本で読んだことがある。

しかし、愛とはそのようなものではない。情熱がはげしく燃えるとき、結果においては、ある意味において、奪うということも起こるかもしれない。だが、基本的には、**「愛するならあたえよ」「できるだけ多くあたえよ」**というのが正しいと思われる。

自分にはあげる物がないというかもしれない。しかし、品物をあたえよといっているのではない。心をあたえるのである。心は敏感に感応する。

「相手のために」「相手の幸せのために」ということを忘れてはならない。だが、一面において、まえに述べた「奪う」という言葉が示すように、「自分のものにしたい」「……したい」という心情をおさえることはむずかしい。

恋とはこの二つのはげしい葛藤である。その葛藤を通して人間がきたえられ、人間が進歩し、人格が向上するのである。恋は成功しても、失敗しても、まじめにぶつかっていくものなら、人間を向上させるものである。

さて方法論となると、もし恋する人がいて、恋を成功させたいと思うならば、まず次の二つのことをすすめたい。

ひとつは強く、だがまじめに情熱を燃やし続けることである。そしてもうひとつはこれと反対に、情熱ばかりが先んじて失敗しないよう、**ときどきある程度冷静に反省してみることである。**この二つを組み合わせていくことが大切である。

次にある程度見えざる真理を信じるようになれば、**毎日適当な時間（少なくとも一日に数分間）恋がうまくいくよう想念し、あるいは祈るほうがよい。**もし、たやすく会えるとは限らないものならば、「その人と会えるように。恋がうまくいくように」と想念するがよい。

もし恋する人とまだ知合いでないならば、まず「知合うチャンスがあたえられるよう」想念すべきである。そして続いて「うまくいくように」想念することが大切である。

つづいて別の場合を考えてみよう。

恋人が欲しいが、まだ恋人がいない場合はどうすればよいだろうか？　その場合、信念があるかないか、強いか弱いかによって、次のようにするがよい。

まず信念などが弱い場合、あるいはない場合は、**「恋人が欲しい」と毎日まじめに考えよ。心をおちつかせて、焦らないで、まじめに毎日想念するがよい。**まじめに想念していれば、少しずつよい方向へすすんでいくのが見えざる真理の一面である。

もし信仰心あるいは信念があるならば、祈ったり、瞑想したりするがよい。そう信じて祈れば、その願望は早くかなうようになるのである。

「でもそれでうまくいくだろうか？」と問う人もいる。実は恋がなかなか実らないのは、無意識的に恋を拒絶する悪い心の磁石が潜んでいるのである。

表層意識ではもちろん恋の成就を望んでいる。しかし、潜在意識で恋の成功を疑っている人間もいる。この種の人びとのために次の注意をつけ加えておこう。

「自分は女運（あるいは男運）がないのだ」「いつも見合いに失敗する」という人びとは、自分は気づかないが、実は潜在意識において異性と結ばれることを拒否しているのである。こういう暗い心があると、「今度こそはうまくいきそうだ」という場合でも、あるとき心ならずも変な言葉をはいて、恋をぶちこわしてしまうのである。

この種の人びとは**「過去はうまくいかなかったが、いま自分は新しい真理を悟ったのだ。今度こそはうまくいく」と想念し、潜在意識を変えるべきである。**そうすればうまくいくようになるのである。

●禁酒・禁煙も実現する

この章のはじめに述べた「欲しいものを得る方法」の場合は、まだ信念がなくとも、第一の方法として、まず「○○が欲しい」といつも心のなかでさけべと述べた。

しかし、禁煙の場合は「タバコをやめる」と心のなかでさけんでも効果があるとは限らない。意志の強い人ならそれでよいが、普通の人は、「やめると決心して、まだやめられない」過去のことが思いだされて、なかなかうまくいかないのではなかろうか?

力んでもダメである。そこで第一の方法として、**少しずつ減らすことをすすめたい。**タバコ一日二〇本の人はまず一八本に減らすこと。一日一〇本の人は八～九本に減らすという方法である。同様に、よく酒を飲む人は一日の飲量を少しずつ減らしていくか、あるいは一週間に一日禁酒デーを設定し、実行していくことである。

このように少しずつ減らしていくのが第一の方法である。

第二として、本書にのべている真理をある程度理解した人なら、禁酒・禁煙を有効に潜在意識にうえつけていくようつとめるべきである。その方法はいままで述べてきたことから、大体推察できると思うが、単なる想念の場合は、静かに気をおちつかせてから、**「禁煙できる」、あるいは「タバコをずっと減らすことができる」と毎日毎日、何回か心のなかでつぶやくのである。**

有効に潜在意識にうえつけたものは必ず実現する。

この場合、個人の潜在意識と共通の潜在意識（宇宙の心）に作用すると考えてよい。前者については、自分の癖を直すことであり、後者については、自分が禁酒・禁煙（あるいは減量）できるように外から自然に種々の働きが起こってくるのである。この内と外からの両方の作用によって、悪い癖が治っていくのである。

瞑想と祈りについては、いままで述べてきたことから、この場合どうすればよいか、たやすく推察できるので、その記述は省くことにする。

それよりも第三の方法として、最も有効なものを記しておこう。

それは**実相に目覚めることである。**実相を観じることのできる人は、すべての人間が実相の世界につながっており、人間の実相は完全である故に、その実相を顕現させれば、すべての病気や悪い癖が治っていくのである。

そのためには本書の三章、四章、ならびに五章の関連する部分を繰り返し読み、また類書を読むことをすすめたい。

●慢性病を治す法

人によって慢性病の種類は異なっている。

虚弱であるから、胃腸が弱く、風邪もひきやすく、眼も耳もさえないかと思うと、そうではない。胃腸が弱いけれども、あまり風邪をひかないし、眼も耳もかなり健全な人がいる。

また、体が貧弱だから胃腸が弱いかと思うと、意外に胃腸が強く、他の器官もさして悪くない人もいる。

このように考えてみると、心がある部分にひっかかっているのではないかと疑われる。

「でもいま現にこのように胃腸が悪い。それは生まれつきなのだ」、あるいは「このような病気になったのは突然で、私の心とは関係がない」と主張する人もいる。しかし、すでに説明した心の構造からもわかるように、自分ではそう思っていなくても、潜在意識は意識している心とは別ものである。

多くの病気、あるいは病気の癖は意外に潜在意識と関連が深いものである。

たとえば風邪をひきやすいというのは、毎年何回も風邪をひく過去の経験からそう信じるようになったのであり、個人の潜在意識が風邪を恐れるようになっている。

私のある知人はよく風邪をひき、風邪をひくと熱をだして何日も寝てしまう。そのため風邪をひくことを恐れていた。それで私は心の構造と人間の実相について説明し、「こんな本を読んでみたら」といって二冊の本をさしあげた。

その後まもなく、その人は風邪をひいても以前より早く治るようになった。風邪をひいても早く治ることがわかると、もう以前ほど風邪をこわがらなくなってきた。ところが、風邪をこわがらなくなると、風邪をひくこと自体も少なくなってきたのである。

このことからもわかるように、多くの病気の癖や慢性病は個人の潜在意識と深く関係しているのである。このことは二章で別の角度から説明した。個人の潜在意識がつくりだした、あるいは、少なくとも深く関連しているこれらの病気は、自己催眠や他人からの催眠でも治せるものである。

そこでまず問題が二つある。ひとつは、自己催眠などでこの種の病気を治せると信じない人は、催眠的方法では治りにくい。また、催眠法で治せるとわかっていても、催眠をかける時間のない忙しい人は、治すのに時間がかかるのである。

しかし、催眠術的療法は自己暗示による一時的な治療法であり、根本的な治療ではない。別の言葉をつかうなら、その効果は限られているものである。

慢性病を治すための最も有効な方法は、実は三章で述べたように、実相に目覚めることである。

無限の富、無限の能力をもつ実相、完全無欠で病気にかからない実相をさとることだ。そして自分の奥に実相があることを毎日何回もとなえ、自分と実相を合一させることである。

それは論理の問題ではなく、毎日毎日、そのための読書をなし、毎日毎日瞑想あるいは祈りを続けていくことによって、はじめて病気を治すことができるのである。

●重病でも治せる

私の知人（女性）がある貴重な体験を話してくれた。

彼女は一九五〇年に子宮ガンにかかり、入院生活を送っていたが、おなじ病室の患者が次々に死んでいくのをみて、自分もやがて死ぬものと思い、毎日涙を流していた。ところが、ある日看護婦さんが一冊の宗教の雑誌を手渡して、いった。

「奥さん、泣いてばかりいないで、こんな本でも読んでみて下さい」

彼女は夢中にその雑誌を読み、やがてひとつの決意が生まれてきた。神にすべてを任せて、一生懸命に祈ることを決意し、勇敢に退院して、家へ帰ったのである。

「どうせこの病院にいれば死が待っているのみだ。自分はもはや一切の医学的治療を退け、ただ一途に神にすがりつくほかない」と考えたのであった。

家へ帰り、一心不乱のひたすらの祈りが一週間続いた。そして一週間後病院へ行って検査をうけたら、奇跡的によくなっているといわれたのである。

そこで力をえて、なおも毎日ひたすら祈りを続けていった。数か月後にはまだ完全にはよくなっていなかったが、まもなく死ぬという怖れが次第にうすらいだ。

それから三〇年余りたった。彼女のガンは十数年前に完全に治っていたとのことである。

五〇年余り以前には、子宮ガンで助かることはほとんどありえなかったのである。したがって右の例はどんな重態でも救われうるというよい例である。

もうひとつの例を述べよう。

一九世紀末に『あなたの心で自分を癒すことができる』という書物を著述したフレデリック・ベイルズは、若いとき糖尿病で医者から死の宣告をうけた。その直後、彼はトロワード著『個人における創造的過程』という本を読みふけり、やがて次のようにさけんだ。

「医者がどんなにぼくに最後の通牒を突きつけたにせよ、そんな最後の通牒をぼくは断じて信じない」

一年半たってのち、ベイルズはもはや病気で死ぬ感じは全然なくなったが、それでも、六年後になっても、病気はまだ完全には治っていなかった。尿の中からまだ糖の痕跡が検出されていたのである。

そのとき、彼はなぜまだ完全に治らないかを反省し、次のように病気に対して宣言した。

「汝はここになんら居住の権利のない領域に侵入してきた不法居住者である。私はいま即刻、法に照らして汝を追放し、分解し、その存在を否定する」

「私はいま汝を放ち去って、それをつかんで汚れていた両手を洗う。もう私は汝と戦うことは要らないのである。汝について思い煩うことは要らないのである。汝について何ら注意を払う必要はないのである。汝は私が子供のときに私をびっくりさせたお化け人形とおなじく、実在のものではないのである」

「いま自分はどんな障害からも完全に自由なる実相を観る」

このようにたえず念じて、とうとう病気が完全に治ったのである。

いま述べた二つの例は、どうすれば重病から立ち直ることができるかを教えてくれている。

無限の生命力をもつ、私たちの内部の実相にめざめること、実相が輝きだせば、いかなる難病も、そして難関も克服できることを、しっかりと悟ることである。

潜在意識において深く理解すること、そして全心全霊でこれを念じることである。

また、緊急の場合は一日に何回か念じることである。

●「私たちは死ぬことを欲するときに死ぬ」

表面的には、人間は医学的にみてすっかり衰退してしまったときに死んでいくものであるが、瀕死の重症から立ち直った人は無数にいる。なぜならば、医学的な結果は一種の仮相であり、実相とは異なるのである。

全心全霊が実相にふり向くとき、心にしたがって体が全く変貌してしまうのである。

別の角度からみるなら、たとえ重態におちいっても、なおも生きて自己の願望を人生に実現していくためのひとつの秘訣は、アデイントンのいうように、

「死は自分が地上に為すべき使命を放棄するからである（潜在意識において）。自分はこの地上でなすべき仕事（使命）がまだあるのだ」と繰り返し、全心全霊で、心のなかでさけぶことである。そしてそれが可能であることを強く悟ることである。


現象にとらわれるな！　あくまで徹底的に実相を凝視せよ。もうひとつアデイントンの言葉を引用するなら、

「奇瑞の実証体験は、仮相にすぎない現象を、真実在だと思い違えていたものが、それは本当は非実在だと認めることができるようになったとき、現れてくるものなのである」

反対に元気そうに見えても、まもなく死を迎える人びともいる。それも心の（深層

の）反映である。

「私たちは死の準備をしておいて、その時のみに死するのである。私たちは死ぬことを欲するときに死ぬ。われわれは死を無意識が欲しているときに死ぬのである。われわれはたとえ自分が、何も死を欲する理由はない、生のために必要な万事が整っているのにと公言しているときでさえも、無意識が死を欲しているから死ぬのである」

（アディントン）。

これでなぜ丈夫そうな人が、あるいはまだ生きられるはずの人が亡くなっていくのか？　そして反対に重態におちいった人がなぜ再起できるのか？　少なくともある程度は理解してもらえたかと思う。

感謝と愛の心をもて

●怒り、憎しみは願望の達成を妨げる

「またうまくいかないのではなかろうか?」という潜在的な恐れが、よくみられる失敗の第一の原因である。

収入・就職・結婚などがうまくいかないのは、また職場における仕事、家庭生活などがあいかわらず改善されないのは、「本当にうまくいくかしら?」と潜在意識のなかで恐れているからである。

また、難関を克服できないのは、しばしば「突破できそうもない」「本当にできるかしら?」という疑いの心が災いしているのである。

さらに病気がまだ治らないのは、「自分はまだ弱いのだ」と潜在意識で思ってお

り、「また再発するのではないか？」と恐れおののいているからである。

人によっては、「春になると○○病にかかる」「雨期になるとまた○○が悪化する」「秋にはゼンソクがひどくなる」など、あらかじめ潜在意識でおののいている。

願望が達成されない第一の原因は実にこの恐怖心、ならびに疑心からくるものである。

次に願望が達成できない**第二の原因は、怒り、憎しみとねたみの心である。**それがなぜよくないかは、二章で説明した。そこでは「宇宙の心に悪い種をまくから」と述べておいたが、怒り、憎しみというものは実はそれ以上に、自分の体にも悪い影響をおよぼすものである。

なぜなら、生理的にいうなら、怒り、憎しみは体内に毒素をつくりだして体を害するからである。はげしい怒りの状態で、赤ん坊にオッパイを吸わせたところ、その子が死亡したという例も報告されているのである。

怒り、憎しみというものは病気の治癒をも不可能にし、運勢の好転をも妨げるものである。しかし、その克服はたやすいことではないので、次節で述べることにしよう。

続いて願望がかなえられない**第三の原因は、感謝がたりないこと、ならびに不平をいうことである。**

「ありがたい」と思う心は宇宙の心によい種をまく。アデイントンは次のように述べている。

「どんな些小なことでも亨受している恩恵は、感謝するには余りに小さいということはないのである」「感謝こそ霊的生活への冒険の第一歩であり、最も重要なことがらである。それは生命の法則の上にきずかれた霊的生活の基礎工事なのである」

「あなたに神癒が現れるのが遅くて、待ちどおしいと思われるときには、まず〝すでに癒されました。ありがとうございます〟と感謝してごらんなさい。そしてその感謝の言葉がいかにあなたの信仰心の足らざりしを補い高めてくれるか試みなさい」

●たとえ小さなことにも感謝

「自分はこんなに運が悪い。何にも恵まれていないから感謝するものはない」というかもしれない。しかし、考えてみたまえ。たとえ家賃に苦しんでも、たとえ住む家が小さくとも、君は屋根の下で寝ることができるではないか？　だが、アフリカなどの第三世界には、粗末な家にさえ住めない人が一〇億人もいるではないか？

もうひとつの例をあげよう。あなたはきれいな水道の水をつかえるではないか？　しかし、今日の世界で不潔な水に悩む人は一〇億人以上もいるのである。汚水や水不足で死ぬ人が年に千五百万人もいるのである。

こう考えれば、日本に生まれた幸せに感謝せざるをえなくなるのではなかろうか。産油国と先進国からの二重の経済的圧迫により、一日一食さえもろくに食べられず、汚い水しか飲めない何億もの人と比べて、また、一日二食を食べることができても、私たちのような種々の自由を享受できない多数の人間と比べれば、日本に生まれたことを感謝すべきではなかろうか？

また、あなたに両親がいるなら、片親しかいない子供より幸せではないか？　あるいはあなたが五体健全であるなら（たとえなんらかの病気はあっても）、幸せではないか？　たとえ小さなことでも感謝をすべきである。

仏教に「諸法無我」という有名な言葉がある。〝すべてのことがあまりにも密接に関連している〟という意味である。なぜ「無我」か？　自己の周辺のもの、さらに遠方のものまでが、密接に自分と関係をもつので、どこまでが自分だか実は区別しがたいものである。

たとえば、周辺に空気がなければ一分間でも生きていくことはできない。その空気（酸素）は実は森林があるからこそ酸素が供給されるのである。雲も私たちと関連が深い。雲があるから雨がふる。雨がふらなければ穀物が実らないし、花も咲かなくなる。虫けらでさえ私たちと関係がある。

また、心理的精神的な面から考察しても、二章で述べたように、宇宙の心をとおして私たちは多くの人びとの心とつながり、さらに過去・現在・未来の多くのことがらとつながっているために、はたしてどこまでが自分で、どこまでが他であるかを区別することは実はたやすくはないのである。

したがって、多くの人びとの世話になっていること、そして天地自然の世話になっていることに常に感謝の意をもつことが大切である。

●自分を愛するように隣人を愛せ

怒るということは他人を害するばかりでなく、自分をも傷つけるものである。とはいっても怒ることをおさえるのはたやすいことではない。

ではどうすれば怒りをしずめることができるであろうか？　それが運勢の改善・願望の成就とむすびつくものである以上、私たちはつとめて怒りをなくし、他人に寛大であるようにつとめなければならないのである。

「怒る」というのは実は「害されている」「害された」という気持があるからであ

る。しかし、私たちの実相が完全なものである以上、実は表面的に害されているようにみえても、私たちの本質はそれによって傷つくものではない。**傷ついているようにみえるのはいわゆる「仮相の現象」である。**もし私たちが真理を悟ることができれば、そして不可壊の実相を悟ることができるならば、相手がなにをなしたかによって、怒ることが次第に少なくなってくる。すなわち、表面の自分が害されたようにみえても、本当の自分は不可壊である。

このような実相を悟ったときに、怒りと憎しみは次第に消えていくのである。

「自分はあんなにしてあげたのに」と思うことがときどきある。しかし、他人のためにつくしたのち、その効果がたとえすぐに現れなくとも、自分の誠意ある行動は、実は自分にはわからないほどさまざまな影響を世界に残していくものである。

たとえば相手のために祈って、なにも効き目がない場合を考えてみよう。「せっかく祈ったのに」と思いたくなるものである。しかし、たとえ表面的に効果が見えなくとも、まごころをもって祈ったこと、あるいはなした行為は、実は自分の想像を超えてさまざまな影響をあたえ、自分の向上にもつながっていくものである。

イエス・キリストは最後の晩餐で弟子から「守るべき最も重要なことはなにか?」と問われたとき、次のように答えているのである。

「第一の戒めは、汝の全霊、全心をつくして、主なる汝の神を愛することである（実相をよくよく、深く深く悟ることである）。そして汝みずからを愛するように、汝の隣人を愛せよ」

「大きく発展しようと願う人は、できるだけ多くの人のためにつくせ。それが人生における成功のひとつの秘訣である」

●他人のためにつくせ

広池千九郎は大分県の小学校しか出ていなかった。しかし、向学心にもえる広池は、独学で当時の師範学校卒業と同一資格の証明を勝ちとり、故郷の大分県の小学校でしばらく小学校の教師としてつとめていた。

だが、一層の発展への意欲にかられて、やがて京都へでかけて雑誌を編集する。その後転々と仕事を変えながらも、ついに法制史の研究に成功して、四七歳のときに、東京大学で法学博士を授与された。

しかし、このとき、皮膚病がかなり悪化し、病院の医者はもはや治癒不可能と判断していたのである。一種の死の宣告であった。長年の苦闘の後、栄誉ある法学博士をかちとったとき、彼は医学的にみて、もはや再起不能になっていたのである。

このとき、千九郎は反省した。

「いままで自分は自己の出世のためにのみ奮闘してきたのではないか？」「他人のためにつくすことが大切だ。そこから新しい生命がよみがえるであろう」と悟ったのである。


千九郎はすぐに天理教に入信し、それからは道徳哲学を研究しながら、できるだけ多くの人びとのためにつくすようになった。ところが、不思議なことに、彼はその後二〇年間も延命でき、その間に日本教育文化史にひとつの足跡を残すことができたのである。

私は天理教の内容をほとんど知らない。しかし、見えざる真理はある意味でひとつしかないから、もし見えざる真理（実相）を把握することさえできれば、キリスト教であるか、仏教であるか、あるいは天理教であるかはそれほど大きな問題ではない。

広池千九郎はその後、彼の道徳論をきいて感銘を受けたある富豪が彼に投資し、千九郎の一生の生活が保障されるようになったばかりでなく、広池学園とモラロジー（道徳学）研究所が設定されたのである。そして広池学園とモラロジー研究所はいまもなお存続しているのである。

このことはなにを意味しているか？　**「人のためにつくすことこそ繁栄の源だ」と悟ることができ、そのように実践すれば大きく発展していくのである。**

昔、地下水をくみだすためにポンプがよく使用されていたが、水が出ないとき「誘い水」といって、わざと水を少し入れると、不思議に水が豊富に出てくるのである。

私は少年時代ポンプを使用して、そのことを何度も経験している。「自分がこんなに困っているのに、どうして人を助けることができるか？」と問うであろうが、むしろ**「困ったときこそ人のためにつくせ。そうすることによって新しい援助がぞくぞく来るのだ」。これが見えざる真理である。**

もちろん、困苦に出会ってから人のためにつくすよりも、ふだんから多くの人のためにできるだけのことをするのがよい。

しかし、ただ単に人のためにつくせばよいというわけでもない。極端な例をあげるなら、乞食の群のなかへ行って金をばらまいても、かえってひどいめにあうかもしれない。だが、実相を悟れば、愛とともに智慧がわいてくるのである。

なぜなら、実相の生命は愛と智慧と富と能力をともなうものである。このことは実相をより多く理解するにしたがって、わかってくるだろう。

既成概念を捨てされ

●努力を続けても願望が実現しない人は

「私は信念を持って様々な努力を続けてきた。瞑想もおこなってきた。しかしほとんど願望が実現したということはない」という人がいる。

多忙でひとつのことにだけ時間を費すことのできない人は多い。

しかし、いままで述べてきたことを真に理解したならば、そう時間をさくこともない。問題はなぜ効果が顕著に現れないかということである。それは次のどれかが障害になっていると思われる。

ひとつは潜在意識で恐れていることである。

「また失敗するだろうか?」「また風邪をひくだろうか?」あるいは「対人関係がう

まくいかないのではないだろうか?」「生活がピンチになるのではないか?」と無意識に恐れることが悪い結果をまねくのである。

「たとえ一時生活がピンチになっても、必ず立ち直れるのだ――なぜなら、実相の力は無限であり、必要とするものは、少し遅れても必ずあたえられる」と潜在意識で思うようになれば、もはやなにが起こっても怖くはないのである。

恐れるということは、個人の潜在意識に関するものでも(病気など)、また共通の潜在意識に関するものでも(お金や仕事など)、どの場合にも悪い結果をもたらすのである。そして本当に恐れなくなるのは実相を悟ることによってである。

次に願望が成就しない第二の原因は、**自分は気がついていないが、いままでの自分の常識に、あるいは世間の常識に屈伏し、それからぬけだすことができないため**である。

そこで思考法を徹底的に変えなければならない。すなわち、潜在意識の内容を変えなければならないのである。

人によってその人特有の既成概念がある。たとえば「秋にはゼンソクになりやすい」「〇〇を食べるとダメだ」、あるいは「あの人はいつも苦手だ」「課長になるまでまだ何年もかかる。もっとも、課長になってもたいしたサラリーはもらえない」という呪縛の観念が自己を制限しているのである。

ひとつ例をあげて具体的に述べよう。「こんな本を書きたい」あるいは「〇〇をしたい」だが、「会社に束縛されてどうにもならない」と、いう人が少なくない。しかし、やる気があり、見えざる真理を会得すれば、どうにでもなるものだ。

第一にまずできることから始めるべきである。

「通勤電車のなかで毎日二〇分間原稿を書きためて、一冊の本を書きあげた人もいる」

「毎夜二〇分間の時間をひねりだして、ある仕事に集中すれば、数年後には相当な仕事ができる」

このように時間がなくても不満をもたず、コツコツやっていくことが第一歩。

次に「もっと読書の、あるいは著述の時間をあたえてくれ」などと**宇宙の心に刻みこむことが次の手である。**そうすれば、やがて一日一時間か二時間、あるいはそれ以上の自由な時間をあたえられるように環境が変わっていくのである。

願望を達成できない第三の要因は、すでに述べたように**怒り・憎しみ・他人を許せないという心である。**

さらに願望成就を妨げる第四の原因は、**感謝不足やエゴイズムの心**である。

●肯定的な考えにスイッチせよ

いままで四つの要因を述べたが、第一と第二に共通するものとして、アデイントンの次の言葉を記しておこう。

「変化というものは自分の外部に起こるものではなく、自分の心の中にある〝信〟の世界に起こらねばならない」

すなわち、潜在意識でいままで恐れていたものを怖がらなくなり、いままで不可能と思っていたことは、実は可能だというように信念が変わってくるならば、なにごとも達成できるようになるのである。天国は外にさがし求めてえられるのではない。天国は自分の中にある。まず自分の潜在意識を変えなければならないのである。

そのためのひとつのよい方法は、不安が起きたとき、また否定的な考えが起きたとき、**たえず肯定的な考えにスイッチ・チェンジすることである。**

例をあげてみよう。

「また病気が悪化するのではないか」という恐怖が起これば、「実相は完全である。恐れることはない」と心のなかでスイッチ・チェンジするのである。もし「できそうもないな?」という考えにおそわれたら、「いやできる、自分は宇宙の心に毎日刻みこんでいるからできる」、あるいは「神にとって不可能なことはない」と心のなかでさけぶのである。

一時冒されたようにみえても、必ず回復できる、一時失ったようにみえても、必ずより繁栄できる、どんなにむずかしそうにみえても必ず克服できる力が自分の内部にあることを次第に強く悟っていくことが大切である。

●信念が一〇倍強ければ、効果も一〇倍ちがう

つぎに想念（瞑想と祈りを含む）の力が生む成果についての公式を記しておこう。

〔Outcome〕＝〔信念の強さ〕×〔想念の強さ〕×〔回数〕

（根底にある信念など）（そのときの精神集中など）

外見上おなじように祈り、または瞑想しているようにみえても、その人の根底にある信念の強さによって、その効果が著しく異なってくる。

Aの信念がBの信念より一〇倍強ければ、効果も一〇倍ちがうと考えてよい。

次に、瞑想あるいは単なる想念でもよいが、そのときの想念の仕方がまた著しく影響するのである。**精神をどれほど費しているか、またどれほど力強く想念しているかが大きく作用するのである。**

第三番目に「回数」と書いたが、元来ならば「時間」と書きたいところである。だが、「時間」と書くと、一度に長い間、祈り・瞑想または想念するほうがよいという意味にとられがちである。

しかし、ここで主張したいのは、**一回の祈りや瞑想は短くてもよいから、それを繰り返し、繰り返しおこなっていくことの重要性を強調したい**のである。信念が強く、想念の仕方がよければ、一度の想念は一分か二分でよい。

慣れてくれば、一度に一〇個の異なった想念をしてもよいが、ひとつについて一分間なら一〇分間要することになる。

しかし、ひとつのことについては、一度に一～二分間想念をすれば充分である。それでも簡単なことなら、一度か数度の想念によってかなえられることもある。

しかし、普通は宇宙の心にしっかり植えつけ、実相の世界にうまくつながる、すなわち効力を発揮するためには、何回も何回も繰り返しておこなうことが重要である。

といっても、あるひとつのことについて、有効な想念をするなら、一分間よりは二分間するほうが、約二倍の効力をもつことも事実である。

それなら、×〔回数〕と書かないで、×〔時間〕と書くべきではないか？　といわれるかもしれない。しかし、**最後の項を〔時間〕と書くよりは〔回数〕と書くほうがはるかに**

読者に有益であるものと考えられる。なぜなら、「しばしば繰り返すという単純なこと」がなかなか実行できないからである。

イスラムでは一日に五回祈ることを強制している。ただし、多忙な人は一回五分間でもよいと指示されている。一回五分間の祈りなら、一日五回であるから、一日のお祈りの時間は二五分のみになる。

一日二五分間を一回で、あるいは朝晩二回に分けて祈るよりも、五回に分けたほうが効果が大きいものと私は考える。

仏教徒でもキリスト教徒でも、朝晩のお祈りを要請されているが、普通朝晩合せて、少なくとも三〇分以上、あるいは一時間以上の祈りが要求されている。だから祈りの時間の長さからみるなら、イスラム方式のほうがより長いともいえないのである。だがより効果的である。

もっともキリスト教といっても、若干の修道院では三時間毎に祈ることが要請されていることに着目したい。できるだけ多くの回数と繰り返しがいかに重要かを示唆するものである。

初歩的想念法

●まず、身近なことを三つ選ぼう

まず初歩として、ぜひ早く実現して欲しいことを三つ選んでみよう。いま自分がピンチから脱出するために、あるいは人生の次の一歩として、ぜひかなえて欲しいものを三つ選ぶのである。

といっても、初歩の段階では、あまり現在の自己から飛躍した大きすぎることでなく、もっと身近なことを選ぼう。

たとえば、若いサラリーマンは大きい家を想念するのでなく、まず小さな家をめざそう。自己の実力が不充分と知っている受験生なら、一番よい大学でなく、今の実力相応の大学を目標にしよう。

また、最初に選ぶ三つは必ずしも自分のことでなくてもよい。たとえば、「母の病気が早く治ること」でもよく、もし息子の登校拒否で悩んでいる人ならば、「息子が早く学校へ行くように」想念するのもよい。

一度に多くのことをめざしても、初心者にはふつう無理であるから、**どうしても早く達成したいこと、そして遠くない将来に達成しうる可能性があることをまず三つ選ぶこと。そしてこの三つが現在の自分にとって、あるいは自分の家族、自分の身辺の人にとって、最も重要であるかを吟味しよう。**それが自分のためになり、他人のためにもなる。そして、少なくとも他人を害しないという確信をもてば、毎日想念を実行し、またそれにともなって努力をしていこう。

●朝と夜、寝る直前、毎日毎日想念せよ

三つを選んだら、**一件につき一度に一～二分間（慣れてくれば一度に三〇秒でもよい）、三件の想念に三分間ないし数分間、まず心をおちつけ、それからできるだけ全心全霊をもって想念せよ。**

静かにおちついて、だが、力強く――祈りでも、瞑想でも、単なる想念でも、あるいは三者のうち二つを組合せて。**朝と夜寝る直前、この三件を毎日毎日必ず想念せよ。忙しい人でも朝三分間、夜三分必ず想念し、毎日続けよ。**

時間があり、早く実現したいと思う人は、昼間にも三分間さいて想念せよ。あるいは三件のうちのひとつだけでも想念せよ。

繰り返すが焦ってはならない。過去の因縁、その他の事情によっては、少し時間がかかるかもしれない。

しかし、**疑ったり、必要以上に焦ってはならない。**もし、焦り、疑うなら、本書を繰り返して読むか、類書を読んでより強い信念を培うべきである。

とくに推薦したい本は、本書で最も引用している、トライン著『幸福はあなたの心で』（日本教文社）、アディントン著『奇跡の時は今』（日本教文社）、シュラー著『積極的な考え方で成功する』（産業能率大学出版部）などである。

●はじめから、たくさんを望んで集中力を分散しないほうがいい

「守護霊」の本が数多く出ている。守護霊が存在することを否定しようとは思わない。しかし、**限られた力をもつ守護霊よりも、無限の力をもち、どんな人にも無限の能力をあたえる大宇宙霊に自己を結びつけることほど、有効ですばらしいことはない。**

また、般若経、観音経、法句経など、多くの仏教の経典を解説した本、あるいはキリスト教の解説本がたくさん出ているが、ここでは普遍的な見えざる真理をよりわかりやすく説明し、かつ実用と直結することをめざしているので、そういう意味においてこの種の本をあげなかった。

普遍的な意味において、仏教を根底にし、実際生活にすぐに結びついた本は、残念ながら今日の日本ではまだほとんど出ていない。アメリカで出版された、キリスト教を基底にする実用的な書物をたくさんあげることができるが、それらはたいがいアメリカ人などに適しても、日本人にはあまり適していないようだ。

たとえば、マーフィ著の一連の本が日本の読書界によく知られているが、原理の説明は日本の読者には物足らず、なによりも実現までの苦しみへの対処法が述べられていないので「本当にそんなにうまくいくのか?」と疑問を抱く人が多く、ここでは推薦しなかった。

また、アメリカでベストセラーになった『積極的な考え方』(実務教育出版)もここでは強調しないことにしよう。

また、繰り返しになるが、「願望を達成する」「ある仕事をなしとげる」というのは、単なるテクニックの問題ではなく、また神(実相)さえ知ればよいというものでもない。**最も重要な点は、「ぜひともやってみせる」という意気込み、信念である。**実相を知り、「必ずできるのだ」と自覚することによって「それならやろう」という人もいるだろう。

願望はたくさんある。初心者だからたった三つしか想念することができないのか?自分はもっと早くもっと多くの願望を達成したいと願うかもしれない。

それなら、最も切望する三つの外に、**願望の一覧表を書くとよい。**
そして少なくとも一週間に一度みて、それについて考え、整理するとよい。そうすることによって、短期ないし長期の願望に、次第に有効なベクトルがあたえられるようになるだろう。

しかし、**最も強く念願するのはさしあたって三つである。**信念がまだ弱いから、はじめから集中力を分散しないほうがよいだろう。

そして**少なくとも一か月に一回は点検してみるがよい。**やはりこの三つに想念を集中すべきかどうか、考えてみよう。場合により三つを設定しなおすことも必要になるだろう。ときどき反省しつつも、願望達成の日まで想念を続けていこう。

さて、**三つのうちひとつ達成されたなら、あるいは達成されつつあるならば、自信をまし、早く達成したい願望を二つから五つに増やしてもよい。**

だが、信念の弱いうちは二つにとくに力をいれるのが賢明である。

第二段階の想念法

●グループ別想念法を実行せよ

初歩的想念法を始めてから少なくとも数か月たち、いくつかの願望が現実に自己の想念の力によって達成されているという体験をもち、次第に自信ができてきたなら、今度は第二段階の想念法へ移行しよう。

まず、**やや遠い将来の願望と身近な願望の二種類に願望を分類する。**

ただ、**ここで忘れてはならないことは、他人のことも想念することである。**自分のことだけ考えている人は繰り返していうように、たいして発展はしない。

いくつかの願望を書いてみたら、**そのなかから目下最も重点をおく願望を三つ、続いて次の願望と位置づけられるものをまた三つ選んでみよう。**前者を第一グループの願望と名づけ、後者を第二グループの願望と名づける。

この分類がすんだら、次は実践である。

きわめて多忙な人なら、朝三分間まず第一グループについてのみ強く想念しよう。

その後、もしわずかな時間の余裕があるなら、第二グループについても少し（たとえば一件三〇秒ずつ）想念するか、あるいはチラリと見るだけでもよい。時間がなければ、朝は第一グループのみ想念すればよい。

次に**夜は第一グループについて数分間、第二グループについても数分間想念しよう。**すなわち、少なくとも第一グループに約三分間、第二グループにも約三分間の時間、精神を集中してさくのである。きわめて多忙な人でも、これくらいの時間はつくれるものである。

一日数分間は惜しいと思う人も少なくはないであろう。しかし、運勢の好転が遅々として進まないために失われる時間の方がはるかにムダではなかろうか？

そういう人は自分の心を調整するわずかの時間をつくらないために、悪循環をしているのである――実は私も仕事に追われて、度々そのような誤りをすることがある。

●繰リ返しこそ最大の効果を生む

続いて時間に余裕のある人の想念法について記してみよう。

こういう人は**朝に一〇分間の時間をつくることである。**まず第一グループについて約六分間、そして第二グループについて約四分間想念しよう。

しかし、それ以上長く考える時間があるなら、むしろ一日に何回も繰り返すほうが効果がある。第二段階といっても、まだ信念が充分であるわけではないから、一度に長時間想念しても、それに比例して効果があがるものではない。祈りでも瞑想でも単なる想念でも、時間の長さより信念の強さがずっと重要である。だから一度に長時間想念をする必要はない。

一回の時間は短くてよいから、むしろ一日に何回か想念するようにつとめよう――時間があるならば、できれば昼間に第一グループについて二～三回想念するチャンスをつくることだ。

そして夜の想念については、もし事情が許すなら、夕食後に第一グループについて二～三分間でもよいから想念しよう。

さらに夜寝る直前に、第一グループと第二グループの両方を数分間ないし一〇分間想念しよう。とくにあるひとつについては、考えながら寝てしまうほうがより効果的である。こうして潜在意識に強く願望をたくしておこう。

私の場合は時間の制限がきわめてきびしいから、切実な願望でも朝に一分間、夜に一分間想念するのがやっとである。

しかし、かなり難しそうにみえることでも、一日二分間の祈りで、たいがい一〜二年以内に大きな成果ができている。それほど難しいものでなければ、一日二〜三分間の祈りで二か月後にある程度の成果を得ることができるものである。

●願望を文字で表わせ

奇跡は非科学的に突然でてくるものではなく、毎日毎日見えざる因果の法則にもとづいて、科学的につみあげていくことによって出現するものである。アディントンは次のように記している。

「記憶せよ。奇跡というものは、心の法則の実現としての事件であって、法則が無視された法外の出来事ではないのである。もしあなたが、信じて法則にしたがって実践するならば、あなたは必ず奇跡を得る――否、あなたには奇跡と見えることが実現するのである」

繰り返して述べたい。「願望の磁石は毎日毎日の長いあいだのつみ重ねによってできるのだ。もし実践の仕方がまちがっていなければ、それは必ずできあがるのだ。そして願望の磁石がいったんできれば、後は自然に願望が達成されるのである」

また、実践方法のひとつとして、**少なくとも一週間に一回、数個の願望をノートに書くがよい。書くということは読むことの何倍も効果がある。**

最近「写経」がよくすすめられている。それはよいことであるが、心にしみる文字を、あるいは心をゆさぶる言葉を書くほうがずっと効能が大である。つまり潜在意識に強くうえつけられるからである。もし時間があり、ある程度見えざる法則を理解しつつあるなら、一日に一回書くことが望ましい。

次に、自分の人生を有意義にさせるためのひとつのコツは、**二週間に一回か、一か月に一回、一生の目標、そして一生のおおまかなスケジュールを書いてみることである。**

このような作業を一年か二年続けていくと、その間に自分の思考が徐々に修正されていって、自分の将来に当初予想もできないほどの大きな準備をしたことになり、自分の人生を有意義にさせる第一歩が踏みだされたことになるのである。

もちろん、自分の予想と自分が今後歩む現実の人生コースには大きな差があるにちがいない。

それでもなお自己の一生を設計し、書いてみることは、宇宙の心に多くの種をまいたことになるのである。

種をまかないなら、発芽・成長・収穫はできない。たとえ発芽・成長・収穫の具合が当初の予想と大きくちがっても、とにかく発芽・成長・収穫のためにすぐに行動を始めるべきである。

行動の第一歩はまず空想すること、力強く空想の羽をのばしていくことである。空

想のみでは何事もできない。しかし、すべての有意義なことは空想から出発するのである。

●極悪非道の囚人、スターデーリーの驚異

ここまで読んできた読者に、いままで述べてきた多くのことを一層深く理解してもらうために、アメリカのスターデーリーの足跡を述べておくのは時機をえているだろう。

ここまで半信半疑で読んできた人もいるだろうし、次第に多くの見えざる真理がわかってきたが、なお物足りないと感じ、もっと深く知りたいと思う人もいるだろう。ところが次に述べるスターデーリーの例こそは、半信半疑の人びとの疑いの雲を吹きちらし、一方、まだ完全に真理を把握できない人に画竜点睛の効果をもたらすものと信じる。

人びとに無限の供給をあたえ、無限の繁栄を可能にならせる実相は本当に存在するのか？　なぜ人のためにつくさなければならないのか？　本当にどんなに多くの障害

も突破できるのだろうか？　本当に自分の夢は必ず実現するのか？　という問いに次の実例が答えてくれるものと信じる。

スターデーリーはかつて全米を震撼させた凶悪ギャングの首謀者として投獄され、二度も破獄を企てた極悪非道の囚人であった。

二度目の破獄が失敗したとき、彼は地下室へ入れられ、両手を上方に縛りあげられ、両手の間に竿を通して半ば吊り下げられ、足を爪先立にして立つという刑罰を課せられた。この刑をうけて、デーリーは人事不省におちいってしまう。

そのときである。夢のなかにイエス・キリストが現れ、慈愛の眼でデーリーをみつめた。そしてイエスが消えた後に「愛」という文字が大きく見えた。

この体験をした後、スターデーリーは全く変わってしまった。彼の生活が変わり、囚人たちに愛を説き始めたのである。いままで獄中の暴動のリーダーであった彼の転向は周囲の囚人に憤怒をひき起こした。周囲の人びとは彼を「卑怯者」と呼び、そして周辺からの異端者扱いは耐えがたいものとなった。

もし放置すれば、彼は周囲の囚人からどんなひどいめにあわされるだろうか？　だが、このとき「君は移動しなければならないから、荷物をまとめよ」という命令が下ったのである。それからデーリーは「ライファー」とよばれる老囚人とともに居住することになった。

このライファーこそ彼を優れた宗教者にみがきあげたのである。ライファーが彼に語った言葉のなかからいくつか抜粋して次に記してみよう。

「知識は君の知性をみがくが、霊は君の魂をみがくのである。魂がみがかれれば、正しい知識はそれに導かれてくる」

「善のほか何も恒久性のものはない。善のみ実在である。悪は唯反影である」

「この世界には愛以外に人生を調節する力はない。愛のない説教は未だかつてひとりの魂も救ったことはない。これからも決して救いえないだろう。人類を愛し、抱擁することによってのみ、君は君の魂を救うことができるのだ」

●言葉にかくれる魔力を知れ

次にデーリーの言葉のなかから、三つ選んで記し、解説をつけておこう。

「人間力の尽きたところに神の力がくる。そして神においては何事も不可能ではない」

信仰心がましてくると、このような体験を幾度ももつようになるのである。

「生命の流れ入る門をひらいて、生命の讃歌を愉快に歌うのだ。これが神に近づく道である」

「すべての消極的な暗黒的な自我を克服して、それを愉快と楽しさと歓喜と讃嘆と微笑とに変えるべきである」

神（実相）を求めるとは、固苦しい生活をすることを意味するものではなく、幸せな真理を知ることによって、楽しい愉快な道を歩むことなのである。人生が非常に面白くなってくることなのである。

「平和は外から来るものではなく、内から外に反映するものであることを発見した」

「内部の平和が確立するとき、現象の世界の不安は消滅するのである」

幸せを求めようと思って、外部世界でのみ奔走する人がきわめて多いが、幸福と平和はそんなものによって得られるものではない。自己の内に厳然と存在する実相を自覚したとき、はじめて真の平和と幸せが得られるのである。

スターデーリーがいよいよ出獄する前夜、ライファーは彼に「スター・デーリー」(毎日輝く)という名をあたえたのである。そのとき曰く、「ある名前は、その言葉の力によって人格の上にある心理的影響をもち、その人を作りもすれば、毀しもする。名前は心にある印象をあたえ、同時に感情を動かしめる力がある」

スターデーリーが出獄したのは、一九三〇年三月で、出獄者にとって最も辛い不遇な年であった。一九二九年一〇月にアメリカを起点に世界的大不況が始まり、三〇年にはアメリカの失業者は一挙に二五%へ上昇、数百万の失業者が街頭にひしめいていた。アメリカ史上最大の不景気であった。

だが、このことを予見したのか、ライファーは次のようにデーリーにいった。

「真に社会および人類に対して奉仕したいと自発的希望をもっていさえするならば、決して君は法律によってしばられるということもないし、社会もまた君を求めて見いだし、いままでなかったほどの多くの機会をあたえてくれるだろう」

●スターデーリーの希望の一〇ヵ条

出獄後スターデーリーはどんな仕事をしたであろうか？　すでに出獄の前に、彼は人びとに真理を伝えるための文章を書き始めていた。

無学でしかも長年最もいやしいと思われる地位にあった彼、しかし、その貴重な人生体験に加わって、悟りの光がかえって多くの人びとに感動をあたえたのである。

彼が人びとに真理を伝えようと決心したのち、そしてそれができると信じるようになったとき、彼の過去がどうであるかはもはや問題ではない。最悪の条件も克服されるべき運命に転じていったのである。

スターデーリーの文章は人びとの心をゆり動かし、その上、それにともなって彼の講演能力も次第に発達していったのである。

すでに獄中にいたとき、彼は今後の目標となる一〇ヵ条を書いた。

①健康であること　②良い家庭をもつこと……凶悪の囚人が良い家庭をもつこと

は、常識で考えれば奇跡であるが、スターデーリーは、著述で有名になること、大学で講義することなども希望の紙に記したのである。

ところが、人間の信念はまことに驚嘆すべきものであり、彼が潜在意識においてそれを信じるとき、常識で考えられない奇跡が次々に起こったのである。彼の著書はアメリカでよく売れたばかりでなく、日本にも彼の著書が三冊、『愛は刑よりも強し』『奇跡を生ずる信仰』『神を見出す四つの道』が出版されたのである。

デーリーはある日、ある大学から講師を頼まれたが、そこで彼は次のように記した。「予期していたものがきたのである」と。何年か後、彼は「かつての希望の一〇ヵ条はすべて充たされた。自分はそれより多くのことをなしている」と述べている。

この実例は、人生において不可能なことはないという信念をあたえる最も感動的な事実のひとつではなかろうか？ ここにデーリーの言葉と体験を記したのは、もうひとつの目的があるからである。この節に書かれたことをどれほど理解できるかどうかが、次に述べる想念の第三段階へ入れるか否かの大きな試金石となるからである。

第三段階「自由自在の想念法」

●あらゆる願望を手帳に記せ

スターデーリーについて述べた前節の内容をよく理解し、かつ第二段階を通過した読者は、次に述べる第三ステップの想念法へ移行してよいだろう。

前節に書いたライファーとスターデーリーの言葉の意味をどれほど理解できるかが、一種の試金石であり、これを少なくともある程度理解しえたならば、そして第二ステップの想念法によってある程度成果をおさめ、少し自信がでてきたら、次の想念法へ移行することをすすめたい。

これは「自由自在の想念法」と名づけてもよいのである。

①まず数か月以上かかる強い願望
②数か月内に達成したい願望
③家族・他人のための祈り

1　このように三つに分け、まず①②③について、願うことをどしどし書いてみよう。

2　次に、①②③のおのおのについて、第一グループ（最も重要なるもの）、第二グループ（次に重要なるもの）、ならびに第三グループに分けてみよう。

3　この作業がすんだら、今度は、以上の諸願望を、優先順でAグループ、Bグループ、Cグループに再分類してみよう。
ただし、このような選び方はひとつの例にしかすぎない。この例を参考にして、自分にあった方式で想念のAグループ、Bグループをつくることだ。

4　この節を読む人はもうある程度想念の力が強くなっているので、朝には、Aグループについて一件一分ずつ瞑想（α）、あるいは祈り（β）、あるいは単なる想念（γ）、もしくはαβγを適当に組合せて、一件一分以上の時間をつかう。

5　朝はわりに忙しいので、Bグループについては、そのうちのいくつかについて一件約一分間想念しよう。時間がないなら、Bグループの表を一目見ておけばよい。

6 夜は比較的時間があるので、Aグループ（数個）とBグループ（数個）の多くの事項（願望）に、一件一分間（あるいはそれ以上）時間をかけて想念する。そして続いてCグループについてもある程度想念しよう。

こうして種々の願望をひとつひとつ実現させていくのである。もちろん、朝と夜の他に、昼間の時間も若干利用するのがよい。

7 もうひとつのよい方法は**手帳に種々の願望を記しておき、ときどき手帳をひらいて見るのである。**手帳に記しておくものは、少なくともAグループの願望を、できればBグループとCグループの願望も書いておこう。その他、朝晩想念する時間のない多くの願望も手帳に書いておき、ときどき見ることにする。

●「すでに得たりと信じよ」

さてAグループ、Bグループ、Cグループの分類について、少なくとも一か月に一度吟味してみよう。あるいは二週間毎に検討してみる。そして必要に応じてA・B・

Cグループの分類を再編成するのである。

時間の経過にしたがって、そして本人の思考の進歩にしたがって、願望の優先順が変わり、また新しい願望も生じるであろう。もちろん、二週間をまたなくとも、気づいたときには、すぐに書き直すのである。


この節まで読んできた人はある程度信念が強くなりつつあるので、**どんな困難に出合っても、最後の結果を信じよう。よい結果が現れるのは決して遠い将来のことではない。**


次のアデイントンの言葉が参考になると思うので記しておこう。

「その途中には、こうあってくれればよいのにと、彼らが思うようになかなか事件が進展しないものだから、祈りの力や霊験を疑う者もあったのである。しかし、終りまで祈り通すとき、事件は驚くべき進展をみせて、困難は克服されたのであった」

「科学的祈り（想念の蓄積の結果として必ず成功する祈り）を執拗に実践し、続行すること」

どんな困難に出合っても、それを突破していく力が自分の内部にあることを忘れてはならない。内部にある実相の力を少しでも多く自覚するよう、常に心がけることも、多くの願望をはやく達成するために、ぜひ必要なことである。

この内部の実相の力にめざめるとき、「そのとき、私たちは現在の困難な状態、環境、または問題は、何ら自分を支配する力をもたないことを悟るのである」（アディントン）

この節を読む人はさらに次の言葉によって信念を強めることが肝要である。

「およそ祈りて願うことは、すべて得たりと信じよ。しからば得べし」（マルコ伝）

想念の時間より以上に、信念がはるかに重要である――信念は体験などによって次第に強まっていくものであるが、「すでに得たりと信じよ」が重要である。

必ずそうなるのだと予期できる人は、どんなに多くの困難があっても、それを実現していくであろう。この信念をたえず強めていかなければならないことは、何度強調してもいいすぎることはない。

勇敢に前進せよ。有意義な人生を築け

●もはや運命の風に左右されることはない

自分の人生に対してできるだけ大きな志をもつようにつとめよう。

また、自分の前途に対して、多くの願望をいますぐつくり始めよう。

そして短期の願望と長期の願望を宇宙の心に少しずつうえつけていこう。およそ価値あるものはすべて空想から始まるのである。

さて新しい志をいだくことは、しばしば新しい苦しみをつくりだすことになる。

そのために今日多くの青年たちは、「志を抱くより、安泰な生活をしたい」という。「楽な生活を！」「苦しむくらいなら、やめた」という。

しかし、苦しみのない人生に幸せはない。

「あなたは本当に一生安いサラリーで満足するのか？」「あなたは実力不相応の低い地位にずっとがまんするのか？」

また、人生は「一寸先は闇」とよくいわれる。家族に来年何が起きるか、わかったものではない。あなた自身来年どうなるかわかるものでもない。「はたして多くの人びとおなじように、風に吹かれて、なるがままになればよいのだろうか？」

もし見えざる真理をしっかり把握すれば、あなたはもはや運命の風に左右されることなく、逆に運命を支配できるのだ。

「苦しみはいやだ。安泰な生活を」とあなたはいうが、一生を通して考えるとき、一体どっちのほうが苦しみの生活であり、どっちのほうが幸福安泰であろうか？　一生の間「どうせこんなものだ。これでがまんしよう」とあきらめるほうが幸せであり、安泰であるだろうか？

真の幸せと楽しさ、そして安泰は、戦って勝ちとることによって得られるのだ。戦うとは相手を倒すことではなく、眼前にある難関に勇敢に挑むことなのだ。

あなたが新しい前進を決意するとき、そこには一時的に新しい苦しみが現れてくるかもしれない。

しかし、そのような苦しさと戦うとき、多くのものを学びとることができ、そのときはじめて人生の意義がわかってくるのである。そこにはじめて「生きがい」を感じとるであろう。

たとえ成功にまでいたらなくとも、その過程のなかで、あなたはやがて苦しさのなかの「真の楽しさ、うれしさ」を味わうのではなかろうか？

「ようやく人生の意義を知る」というだけでも貴重な体験であるが、その上、本書でずっと述べてきたように、見えざる真理を理解し、実践していけば、難関は必ず突破しうるのだ。

もっと正確にいうなら、あなたが真の意味において決意したとき、難関はすでに半分突破されたのである。見えざる真理からみて、そのようにいうことができるのである。

●「夜明け前は最も暗い」

「もっと健康を」「もっとお金を」……というよりも、実は心の奥に、「自分の能力を伸ばしたい」あるいは「自分を認めてもらいたい」という欲求があるはずである。それを一生おさえて、それが本当に人生に幸せであろうか？

本書で述べた方法によって、見えざる真理を理解するほど、そして実行していくほど、実にその程度に応じて、あなたの前途がきりひらかれていくのである。

どれほど多くの悪条件が重なろうとも、世間の人々が不可能といおうとも、たとえ法律の壁が厚く見えるときでさえも、真に決意し、真に戦うとき、すべてのことが解決されるものである。

できないはずのことができるから、人びとは「奇跡」だという。しかし、あなたは奇跡をつくっていくことができ、そのような権利をもっている。もっとつきすすんでいえば、**あなたは次々に多くの奇跡を実現させていく権利がある。なぜならば、そのような見えざる法則はすべての人に働いているからである。**

たとえ一時マイナスにみえようとも、また一時逆行するようにみえても、そこで失望して、あきらめてはならない。**苦難に出合えば、本書のなかの自分に適したところをもう一度読み、また同類の本を読んで元気をとり戻し、さらに信念を強めていこう。**

つぎに、願望達成のために、「夜明け前は最も暗い」ということをもう一度別の角度から強調しておきたい。長い間の努力が水泡に帰するかのように見えるときもきっとあるだろう。しかし、いったんつくられた願望の磁石は、それを通してなおも願望を実現させるのである。

たとえば、よい職につくまえに、その準備として従来の職を失うことがあるかもしれない。しかし、そのためにかえってよい職につくことがあるのである。

逆もまた真理である。水道の栓をとめると、一時少し多く水がでてからとまることもある。ロウソクの火が消えるまえに一瞬少し明るくなる。人間が死ぬ直前に一時少し元気になる。また「嵐の前の静けさ」という言葉もある。

●圧倒的な信念こそが真の成功の唯一の法則

私たちの人生もそうである。一時「しめた」と思っていたら、逆になることもある。反対に「目的に近づいたはずなのに、なぜいまごろ、このようなたいへんなことが？」と見えるときがあっても、そのときこそ「いよいよ最後の試錬に耐えるときである」。

万一ここでサジを投げてしまえば、得るはずのものも失ってしまうのである。願望達成の一歩手前で見放すことは、もっとももったいないものである。そのとき、落ちついて願望の磁石をますます強化せよ。

「信念、絶対的な、圧倒的な信念こそが、真の成功の唯一の法則である」（トライン）と心のなかでさけぼう。

「逆境と見える一時的状態が来たときに、それによって心を顛倒させてはならないのである。そして常に前方を見て、〃よき事来る。これが成功への一里塚である〃と想念せよ」（トライン）

この節は「勇敢に前進せよ、そして有意義な人生を築け」ということを記してきたが、最後に、人生の意義を再検討するために、次の英文を記しておこう。

May there be enough clouds in your life to make a beautiful sunset.

この文の意味するところはこうである。

日没のとき、雲が多ければ、夕焼は美しく見える。もし雲がなければ日没は別に美しくはない。それとおなじように、安楽・単調を求めた人の人生はなんとつまらないことであろうか？　そのことを老年になって感じるであろう。

波乱万丈とまではいかなくとも、人生に多くのことが交錯し、多くの障害と戦ってきたとき、後になって、つくづくと自分の人生が有意義であったことを実感するであろう。

新装版
信念の魔術

著　者　謝　世輝
発行者　真船美保子
発行所　KK ロングセラーズ
東京都新宿区高田馬場 2-1-2　〒 169-0075
電話（03）3204-5161(代)　振替 00120-7-145737
http://www.kklong.co.jp
印　刷　(株)暁印刷　製　本　(株)難波製本

落丁・乱丁はお取り替えいたします。
※定価と発行日はカバーに表示してあります。

ISBN978-4-8454-5021-3 C0230 Printed In Japan 2017